劍與蓮花（下）

The Sword and the Lotus Vol.2

奧修 OSHO 著

李奕廷 Vivek 譯

譯者序

本書是奧修在尼泊爾對佛教僧侶和佛教徒的演講。一九八六年一月三日，奧修離開印度，來到了尼泊爾的加德滿都，下榻了Soalti Oberoi旅館，並立刻開始了他的演講：

「尼泊爾是一個佛教國家——佛教僧侶的領袖曾來聽我演講。我後來知道他到處去拜訪部長、總理和其他重要人士，對他們說：你們應該來，不要被那些胡扯的新聞騙了，來聽他演講。」

「他常坐在我前面——一個老人——每當我講到某些非常貼近佛陀的心的，我可以看到他一直點頭，他沒有想這麼做，但他是如此的協調一致，以致於可以感受到。這是他聽過的最純粹的話語。他忘掉自己僧侶領袖的工作，到處拜訪，帶了很多人來這兒。」

《燈火的傳遞》第二十一章

由於佛教的特質，我們將能從這本書中感受到演講過程的寧靜、平和、美、真和智慧。

聽眾充滿禪意的提問、奧修回答中的洞見、佛陀美麗的事蹟，彷彿進入不同的時空，心是喜悅的，當下變成了唯一的。

目錄

第十五章
靜心者是朵雨雲

奧修，我越是觀察頭腦的慾望和需要，我就越像進入一個瘋狂的空間。請評論。

它是瘋狂，但它的層次高於你所謂的神智清醒。有兩種瘋狂。瘋狂的意思只是離開頭腦。你可以離開頭腦，掉到比頭腦更低的層次——那就是神智不清的開始。但你也可以離開頭腦，上升到超越頭腦的狀態——那就是靜心的開始。某方面而言，它們是類似的，兩者都離開了頭腦。因此一個人可以感受到活在當下的美，彷彿那是種瘋狂，因為瘋狂和靜心有一種相似性，但只有一部分：雙方都在頭腦之外發生。其他部分則是不同的。

掉到頭腦之下的意思是變成無意識的。超越頭腦的意思是變成超意識的。超意識和無意識是完全不同的。所以在一開始，每個靜心者都感覺它像是種瘋狂。但它比你的神智清醒還要清醒。你必須再等一會兒，去熟悉靜心世界的新領土。

別人也會認為你瘋了，因為你有時候做事情會像瘋子。但根本的不同是沒有瘋子會知道或接受自己瘋了。他會激烈的否認。你可以去精神病院，沒有一個瘋子認為自己瘋了。但靜心者可以笑著接受。他知道那個相似性。他可以了解局外人的批判，他可以接受。他也會有些行為：例如，靜心者有時候會感到非常喜樂以致於你會看到他沒來由的笑。我們可以原諒沒有任何原因就感到痛苦的人，但我們無法原諒沒有原因就快樂的人。我們會問：「什麼原因？你為什麼笑？」

一個經驗到內在某件事的人，喜樂的，某個非常甜美的——他能對你說什麼？無論他說了什麼，你都不會相信，因為那不是你的經驗。除非那是你的經驗，你才會相信。兩個靜心者可以靜靜的坐著，微笑著，而不會問彼此為什麼笑。他們可以大笑、跳舞，而不會問彼此為什麼這麼做。

我們的生命總是被外在的某個東西支配。靜心者的生命則是受內在所鼓舞，他無法說是因為外在的某個東西。他只能說他感覺如此喜樂以致於他想跳舞，就像早晨唱歌的鳥兒或釋放芬芳的花朵。

眾所皆知，偉大的詩人無法解釋他們為什麼會寫出某種詩。其中一個最偉大的詩人，柯勒律治，死後留下未完成的四萬首詩。在他活著時，人們一直問他為什麼持續寫出不完整的詩，他應該完成它們。只要再一句或兩句：但只有像柯勒律治的詩人可以了解他為什麼不完成它們。

人們以為他瘋了，因為他常說：「我不寫詩。是我內在的某個東西在寫詩。如果它完成了，那很好，如果沒完成，我不會完成它，因為我試過——那看起來會整個不一樣。沒有那種特質，看起來是平凡的。所以除非它再次發生，除非我裡面那個未知的完成它⋯⋯我想完成它。但我不能蓄意去完成它，因為當我蓄意完成它，它就沒有我想要的特質。」

其中一個最偉大的印度詩人泰戈爾⋯⋯他翻譯他的書，吉檀迦利——頌歌集。他因為這本書得到諾貝爾獎。但在它被帶到英國給他的詩人朋友看之前，他把書拿給安德魯看了，其中一個最偉大的基督教傳教士——只是翻譯的版本。他有點懷疑自己是否能把原文的特質翻譯出來，還有語言、文法是否正確。

安德魯建議更改四個字，因為它們在語言學上是不對的，安德魯不是詩人，但他是個偉大的學者。於是泰戈爾改了那四個字。

在英國時，其中一個最偉大的詩人，葉慈，舉辦了一個偉大詩人的集會，來聆聽泰戈爾的吉檀迦利。聆聽時，葉慈說有四個字的翻譯似乎有牴觸。那四個字正是安德魯建議的那四個字。

泰戈爾感到震驚。他無法相信。他說：「這四個字是安德魯建議更改的。」

葉慈說：「你換掉這四個字。它們在語言學上也許是對的，但它們沒有詩的特質。它們像攔路石——阻礙了河流。請改回原來的那四個字。」

泰戈爾改回來了，葉慈和其他詩人說：「它們在語言學上是錯誤的，但它們是更有詩意的。拋棄之前寫的。不要聽從其他人。」

詩人不能被語法學家、語言學家或學者糾正——其他有同樣程度的詩人會立刻發現。那就是柯勒律治的困難。他一生只完成七首詩。只是那七首詩就使他成為世界上最偉大的詩人。而他還遺留了未完成的四萬首詩。但那無所謂，他是誠實的、真誠的。他可以這麼做，但那不會是來自他的心，而是他的頭部，而頭部是遠比不上心的。心是無法被命令的，它就像微風——當它來了，就來了。

靜心者進入一個超越頭腦的世界，一個如此美麗喜樂的空間以致於他無法保留它。它會開始溢出。然後那看起來會像是他瘋了。

需要它說話的時候，他會保持寧靜。當他獨自一人，他可能會說話，但沒人在那兒。他內在有些東西想表達。如果他是詩人，也許會透過詩表達；如果他是音樂家，也許會透過音樂表達；如果他是舞者：那取決於他的天賦和特質。如果他是善於表達的——而且他是有很多可以說的——有沒有人在那兒都無所謂，他都會說；他必須說出來。幾乎像是朵充滿雨的雲。雲來了，下雨了。它無法容納雨水。

靜心者是一朵雨雲。雲不會判斷土壤、山和河流在哪兒，某個國家的邊界在哪兒結束，某個國家的邊界從哪兒開始。雨雲不在乎這些，當它太多雨水了，就只是灑落。

靜心者有時候的行為會：特別剛開始，當他初次進入內在的仙境。當它變得越來越熟悉，他的瘋狂會停止向外界表達。當他達到完美的靜心狀態，就不再有任何瘋狂了。然後他會是純粹的清醒。但那需要時間才能達到這樣的成熟度。

剛開始會是令人驚奇的，這個經驗是一個人從未想到或夢到過的——難以置信。它的難以置信使人瘋狂。這是師父會有幫助的時刻。他持續告訴你：「不要擔心、害怕。那不是瘋狂，只是看起來像瘋狂。那是靜心的起點。你只需要越來越熟悉，越來越鎮定、安定——只要再幾天。」

佛陀的生平有一個軼事：

他和阿難在森林裡迷了路。他們問了一個在撿柴的老女人：「村莊還有多遠？」

老女人說：「沒有很遠，只要再兩哩。你們繼續走就是了。」

走了兩哩後仍沒看到任何村莊。他們遇到另一個在砍柴的人。他們問他：「村莊還有多遠？我們走錯路了嗎？」

伐木工說：「不。就在前面，再兩哩。」

阿難說：「奇怪。老女人說再兩哩。我們已經走了兩哩。這個人又說還要兩哩。」

佛陀說：「兩哩後再問問看。」

阿難說：「什麼意思？走兩哩後還不會到村莊嗎？」

佛陀說：「我不相信他們說的。他們只是慈悲的人。鼓勵你。如果他們說再十哩，你可能會灰心。」

果然真的要十哩，每次他們在路上問人，單純的村民，他們都會說：「再兩哩，只要再……你們快到了。」

當他們抵達村莊，阿難問：「你怎麼知道至少十哩？果然真的是十哩。」

佛陀說：「那正是我的工作。那就是我一直對人們做的，告訴他們：「只要再一點。你快抵達了，」只是為了使他們繼續走。」

一個朋友、嚮導或師父在很多方面都是很有幫助的；否則你會疲憊，可能以為你走錯路了。以為這是無意義的尋找，以為這是瘋狂的，最好不要繼續做這種事。人們可能會以為你瘋了：你是危險的。你的小孩、妻子、父母、朋友開始以為你有點失常。最好現在停止，以免一切太遲，在你走太遠而無法返回前。

師父是需要的，他可以使你放心：「這個階段只是短暫的，會度過的。你必須再往前走一點。回頭是沒意義的。繼續走，無論發生任何事，不管人們怎麼看你。你會度過的。」需要有某個可信賴的、有經驗的人鼓舞你、激勵你。會有懷疑、怯懦的時刻，需要某人使你打起精神，堅強的，準備繼續走完整個旅程。

師父不能帶你抵達目的地，但沒有師父，幾乎不可能抵達。有這麼多困難，只有你一個人會無法跨過。這是其中一個最重要的，因為沒人想被以為發瘋了。但每個靜心者都會遇到。這是一個人必須付的代價。

你無法不付出任何代價就得到最高層次的經驗。這是你必須付出的。當這些片刻來到，感激存在，旅程已經開始了，你至少已經進入了你內在深處的新空間。

感謝這個瘋狂。這只會發生在那些被祝福的人。如果那發生在你身上，你是被祝福的。

奧修，我今晚的問題和因果關係有關。我好奇是什麼造成絕對的神秘經驗。那個絕對的，一定是無限的、永恆的，但原因一定是靈性上的，不同於它所產生的。因為沒有任何事物是不屬於永恆的、無限的，所以沒有任何原因可以造成那個絕對的。若是如此，如果我所有的行為無法造成那個絕對的，那是否還有可能使我的有限和短暫變成永恆的？

絕對的經驗不是因果關係的。裡面沒有任何因果關係。世界只知道事物的發生只有這種方式——那是因果的世界。每個結果都需要一個原因——沒有原因，你就無法有結果。

他的問題是很重要的。他是說無限的經驗不會是因為任何事而造成，因為沒有任何事物是不屬於無限的，然而原因一定是在結果的範圍之外。例如，你把水加熱：到了一百度，它開始沸騰。一百度是原因，而結果是水蒸發了。如果你冷卻蒸氣，它會再度變成水。

記住一點：任何有原因的，一定可以被反轉，而無限的經驗是無法反轉的。你無法反轉它。

其次，確實沒有任何事物是不屬於無限的，所以沒有任何辦法創造它。但世界知道——特別是支配我們的頭腦、教育和思考的科學世界——事件的發生只有一種方式，那就是因果關係。但還可以有其他方式造成事物的發生。

例如，榮格發現到一種新法則，那是好幾世紀來所有神秘家都知道的。那不是發現，只能稱為再發現。他稱為同步性法則。就如同有因果法則，也有同步性法則。它的運作方式完全不同。

生命中的很多事都透過它發生，如果你試著依照因果法則來思考那些事，你會遇到很大的困難。你將必須否定很多東西，因為它們的發生不是依照因果法則。

愛的發生依據同步性法則。我要你了解它，這樣你會發現有些東西是不依照因果法則的，那不是唯一的法則。你可以試試……

在一個空房間，空無一物的，放一把西塔琴或維那琴在房間的某個角落，讓某個優秀的西塔琴手，一個能手，在房間的另一個角落彈奏西塔琴。然後怪事發生了，但好幾世紀來，音樂家都知道，放在角落的西塔琴——沒有人彈奏——會開始產生聲音。

如果那個能手真的是大師級的，他可以在房間裡面創造出震動。因為房間空無一物，所以震動一定會傳到另一邊的西塔琴，那把西塔琴的弦一定會和能手的音樂同步。兩把西塔琴很快就會共振。

現在這不是互為因果的，榮格發現這是奇怪的狀況。他曾經住在某個古堡，那兒有兩個著名的大鐘。它們著名的原因是：你可以改變它們的時間，但它們很快就會變成同樣的時間。它們被掛在一面牆上，他把其中一個鐘調快五分鐘。很快，二到三個小時內，漸漸的，它們會同步——兩個鐘都快了兩分半。那個鐘不再是快五分鐘，兩個鐘各分了一半，它們都快了兩分半——但它們會同時做到。

榮格試過很多次，每次過了幾小時後，它們會再次同步移動，顯示同樣的時間。他試著找出原因。他發現這些鐘是如此巨大和古老，以致於它們的震動，它們的鐘擺會使牆壁產生微妙的震動——而它們都在同一面牆上。另一個鐘會接收到新的節奏，它們會慢慢的同步為相同的節奏。那不是因果關係，那是某個完全不同的。

你的問題甚至不屬於同步性法則，而是某個更神祕的。無限的、絕對的經驗是非因果的。你無法透過任何準備創造它，因為它已經存在了。它不是某個需要被創造的，而是某個你忘掉的，只需要記起來的。

你會驚訝的知道，英文中的「罪」的意思是忘記。只有一種罪——你忘了自己。你已經是完整的，不需要增加任何東西的，所以沒有因果的問題。你不會是某個東西的結果。你一直在這兒，永恆的，你也將會永遠在這兒。

那是你們有時候都會經驗到的：某個人問你某個人的名字，你知道自己知道——話已經到嘴邊了。你說：「我知道，但想不起來。」那是奇怪的經驗：你知道；你知道自己知道；你知道快要想起來了——但你仍然想不起來。你越努力試，就越難想起來，因為你越緊張，它就越難浮現。最後，任何人都得放棄。

你放棄了嘗試。你走到花園，開始挖那個挖了一半的洞；你忘掉那件事了，你開始做別的事——然後它突然出現了。當你不嘗試，它就出現了。

這和因果關係無關，也和同步性無關。這是完全不同的。最終的經驗本身，無論一個人怎麼稱呼它，它都只是某個被遺忘的。

所有要做的只是想起它。而為了想起它，你能做什麼？如果你太努力嘗試，你就不會成功。那就是發生在佛陀身上的。我要提醒你⋯

六年來，他非常努力的嘗試得到它——但他無法得到。最後他放棄了：「這不值得。我浪費了六年。我放棄了世界，我的王國。我毀了我的身體，我用各種可能的方法折磨自己——沒有任何事發生。」

就在那晚，它發生了。

如果他沒有試了六年，那就不會發生。但那六年不是原因。

你可以嘗試六年，但它仍可能不會發生。無數的佛教僧侶嘗試了二十五世紀——不需要。不同的人發生的方式也許是不同的。因果關係一直是一樣的。同步性則是某個對想起它有幫助的，只是有幫助，但無法造成它的發生。神秘家使用過同步性；他們稱為 satsang，和師父坐在一起。只是和師父坐在一起，不做任何事，只是待在他的存在中——這對西方頭腦很難理解。西方頭腦是現代頭腦。即使在東方，現代的頭腦仍是西方的。

只是坐在一個寧靜的人身邊，很難了解你在做什麼。但他的寧靜會在你裡面創造出同步性。它的寧靜會震動你裡面的寧靜。但不必然會這樣，因為那不是因果關係，水到了一百度會沸騰。無論你在印度、尼泊爾、西藏或日本⋯任何地方，水到了一百度都會沸騰——那是必然的。

同步性不是必然的。它可能會發生，可能不會。那取決於非常神祕的東西——師父的存在有多強大、你準備要讓他的多少存在進入你、在你裡面震動、你有多少信任、師父有多慈悲……視情況而異。有時候它會發生，有時候則不會。

同步性不是必然性法則，但它是一種法則。某些事物會透過這個法則發生。例如愛。在東方，我們稱為達顯——完全是東方的概念，人們去找師父只是為了看他。對西方而言，這似乎是荒謬的。除非你有問題要問，否則只是去看某個人或觸碰他的腳，這樣做是沒意義的。

但西方不知道同步性法則。只是看就會發生某個不可思議的。只是觸碰他的腳，某件事可能會被傳達給你。只是看著師父，你裡面的某個東西會立刻改變。在師父的存在中，你不再是同一個人。

這些事會是有幫助的，但不是使你記起自己的原因。接近一個已經想起自己的人，愛上已經想起自己的人，也許會創造出同步性的氛圍。如果你是敞開的、有接受性的，一直在你裡面的某個東西……只是因為它一直在那兒，所以你沒注意到它。

顯而易見的東西總是會被遺忘，而你對於自己是最顯而易見的。你存在。你知道你存在。

你也許會記得數千件事，但你不用記住自己。生活不用記住自己也可以運作的很好。不需要。完全不用這麼做。就生命和日常事務而言，你不需要知道那個絕對的、無限的。自然的，你會開始視自己理所當然，彷彿你知道，彷彿你想起來了。

只有在很罕見的時候⋯當你碰到某個人使你意識到你遺忘了自己、沒有記住自己、自己是熟睡的，除非某個人刺激你，使你內心產生疑問，否則那個顯而易見的仍會是被遺忘的。

和師父在一起只是去知道——不是答案而是問題。答案已經在你裡面。你忘的是問題。

詩人斯泰因快死了。朋友聚在她周圍。她問：「答案是什麼？」

自然的，某個人會問：「但你沒提到問題。」

所以她問：「那問題是什麼？」

然後她死了⋯

我們不知道問題也不知道答案——但答案在你裡面。沒人可以把它給你，但某個人可以激發那個提問、探求。那是很奇怪的。你帶著問題來找我，但我的工作是要創造你內心中真正的問題。透過回答你的問題，我去除了所有其他問題，以便根本的問題可以出現。一旦沒有問題可以提出，只有那時你才會問到真正的問題。美麗的是，真正的問題只需要被提出，然後答案會自行從你的意識中浮現。

答案已經在那兒，只是問題不見了。問題不是原因，它沒有創造任何東西。也許它最多只是拿掉一個簾幕，使你意識到某個一直在那兒的。

無限的經驗不是一般的經驗，因此它不屬於因果關係。它不是某個在你裡面創造出來的。不是某個從某處帶出來的。它是某個已經在那兒的，你只是忘了它。

讓我告訴你一個蘇菲的故事⋯

某個很富有的人受夠了所有財富、奢華和物質享受。他擁有一切。自然的，如果你擁有一切，如果你不是智障，你一定會受夠了，因為金錢可以買到的，你都已經買到了，而你什麼都沒得到——沒有滿足、實現、寧靜。

那個人開始問聖人、神學家、哲學家：「我要如何使頭腦平靜？」

每個人都給了建議。他試了那些建議——什麼都沒發生。他變得更厭倦、更沮喪。最後，有個人建議：「我知道某個人。只有他可以幫助你。」

所以富人騎上他跑最快的馬，帶了裝滿鑽石的袋子給那個人——「我擁有世界上的一切。我家裡有很多鑽石，我沒算過數量，只是秤重。這樣你就知道我有多富有，我已經帶了這一大袋鑽石。我想要頭腦是寧靜的。」

那個人坐在樹下：「你會得到它。你想要現在得到嗎？」

這是首次有人這麼直接問他——沒有給他咒語或某個方法：「照著做，幾年後你會得到平靜的頭腦。」

那個人說：「你想要現在得到它嗎？」

那個富人吃了一驚。他猶豫的說：「是的，我現在就要。」

就在富人說了這句話的同時，那個人立刻拿了袋子跑掉。

富人跳下馬跟著他。他沒想過聖人會做這種事。

聖人熟悉村裡的每個角落，富人這輩子從未奔跑過——他甚至沒走過路。但他必須跟著他並大喊：「我被騙了，我被搶了。」

全村都在笑，因為他們都知道這個聖人——他是個怪人。他會做某些事——永遠不會知道他的用意，但他總是對的。

富人很驚訝，沒人來幫他。全村都在看笑話。他們只是大笑。甚至沒人移動。一群人聚在附近看著，但沒人幫忙抓賊。流著汗的、疲累的、氣憤的，最後，聖人回到一開始和富人相遇的樹下。聖人把袋子還給他說：「你的頭腦是否有感到平靜？」

富人說：「奇怪，我感覺到了！這樣做不好。你讓我很累，全身大汗，我只是問個問題，沒意料到這種行為。」

聖人說：「我回答了；你經驗到片刻的平靜了。現在騎著你的馬回家。你知道什麼是平靜的頭腦了。它一直在那兒；你只是忘了。某個人必須提醒你，所以我必須自找麻煩。我不想跑步！但能怎麼辦？除了這樣，沒辦法使你頭腦平靜。」

發生了什麼？因為他把所有快樂和一切視為理所當然，現在聖人拿走他一堆鑽石。富人首次憂慮他的鑽石，忘掉了所有和平靜的頭腦相關的：「這個人不是聖人。他是假裝是聖人的賊。」

但最後證明這個人是聖人，一個偉大的聖人。其他人無法做到的，他做到了。這不是因果關係，這只是創造一個情況使富人變成警覺的，想到如果他的錢都沒了，又再次得到，他會擁有從未有過的喜悅。錢財一直在他身邊。但是因為太明顯了，以致於他忘掉了。現在他可以放鬆心情回家了。

師父會使用方法，不固定的方法，但它們不是原因。它們只是創造某個情況，在那個情況中，也許你可以記住自己。

我所謂的觀照和靜心只是個方法。

那不會給你任何你沒有的東西。它只會使你意識到你擁有的，一直擁有的。這甚至不屬於同步性法則，而是完全不同的神秘世界，不屬於任何法則。

世界需要可以創造出這種情況的聖人。你們的聖人是遲鈍麻木的、傳統的、習俗的。你膜拜他們是因為他們可以滿足你的期望。你有某種聖人應該如何的期望，他們滿足了。

這是和你自己對抗的奇怪共謀。他們滿足你對聖人的期望，然後你觸碰他們的腳是因為他們是聖人。但真正的聖人不會滿足你的期望，而是摧毀你的期望。

真正的聖人幾乎像是電擊。所以他們總是被誤解。人們感到氣憤、難受。你可以想像那個失去袋子的富人。那時候他甚至無法相信這個人是聖人。如果他是聖人，那怎樣算是罪人？但是當聖人帶著袋子返回：「你的頭腦是否有感到平靜？」他跪在地上感謝聖人使他想起某個確定存在的。他短暫失去了錢，又取回了——那是同一個袋子，但現在它帶來頭腦的平靜。

世界上真正的聖人很稀少。唯一的差別是真正的聖人不會滿足你的期望，他不要你膜拜他。他要你覺醒。他要你處於和他一樣的狀態。他不要跟隨者、膜拜者。這些都是無意義的。

他要人們覺醒，以便他們想起他們的真正寶藏。那是無限的，因為它沒有限制。當你想起它，那不會只是你的。那會是某個宇宙性的。

佛陀想起他的前世的一個經驗⋯⋯

他聽說——那時他還沒覺醒——他聽說某個覺醒者來了，住在村莊附近的河邊，住在他附近。他有了一個從未有過的想法。

覺醒者幾乎快六十歲了，六十年來從未有過——甚至覺醒的想法——從未有過。他因為好奇想去看看這個人。

那個人是如此優雅美麗——雙眼的深邃、寧靜中卻迴繞著音樂，他的話語是如此詩意。

佛陀說：「我跪下碰了他的腳，我不知道自己為什麼這麼做。我只是因為好奇去那兒，但看到這個人，某個東西被傳達了。我首次意識到除了生命之外，還有某個東西是我沒想過的。這個人知道某個我不知道的。這個人經驗到某個我錯過的。」

他毫不考慮就跪下碰了他的腳。當他站起來後，他感到震驚——那個覺醒者也跪下觸碰了他的腳。他說：「你在做什麼？我只是無知的人，而你卻跪下觸碰了我的腳。」

覺醒者說：「對你而言，你也許是無知的。對我而言，因為我已經知道自己，沒有人是無知的。我的經驗不會只適用於我，也包括全宇宙。那只是時間問題。有一天你也會經驗到我得到的。我只是預先觸碰你的腳。」

佛陀成道後想到這個人說的話：「我只是預先觸碰你的腳。有一天你會知道。那沒有影響，對永恆而言，幾年就像幾秒鐘。幾世的時間不算什麼。」

所以當你有了這個經驗，它圍繞著整個存在。它是宇宙般的、無限的。當你知道它，你會笑自己一直在找尋從未失去的、一直擁有的、即使你想要失去也做不到的，那是你的本質。

每個人成道後的第一件事就是對自己大笑。

第十六章
生命是一所學校

奧修，為什麼人們總是準備要說教——不管對誰，不管任何事，不管是否有人想接受？

人非常害怕自己是無知的。但事實上，他是無知的。現在只有兩種方式可以離開它。第一種是尋找關於自己存在的真相，那是漫長的、費力的、需要勇氣的。很少人會走這條路。

第二種是很容易的。累積借來的知識。那使你有一種知道的感覺。實際上你並不知道，但你會擁有一個記憶寶藏。你可以背誦吠陀、可蘭經、聖經，不需要真的知道，不需要處於你存在的中心。你可以像鸚鵡一樣背誦。這是最容易忘記自己無知的方式——而且這會滿足你的自我，使你覺得你知道。但這會為別人帶來麻煩。你想要展示你的知識——如果沒這麼做，你要如何說服自己是知道真理的？那就是為什麼每個人都準備要說教。很少人準備要去尋找和發問。

每個人都準備回答，因為答案是廉價的。在書上就有，無數的書。人腦可以容下存在中所有書的知識。

你可以一直收集，無論想要多少。接著你得展示它們。任何說教的機會、給予忠告，無論你是否被詢問，無論對方是否願意聽或者會無聊：你持續告訴人們。忠告是其中一個存在中每個人都會給予但沒人想要的東西。但展示你的知識會使你的自我有很深的滿足感。

我今天收到一個西方女人提出的許多問題。我扔了它們。我沒有回答的原因是，她只是透過發問在展示自己的知識。例如，她說：「你教導慈悲，但你仍然說某些思想家是笨蛋。這是矛盾的。」現在這不是問題。她只是在指出我的矛盾——她是比我更了解的。這問題只是藉口。

我的困難是我只是直言不諱。誰說笨蛋不能思考？事實上只有笨蛋可以！有智慧的人活在真理中。他不思考，因為沒有人透過思考發現它。只有笨蛋會思考它。透過思考顯示他的愚蠢。我把很多所謂的偉大思想家稱為笨蛋，因為他們是笨蛋。我能怎麼辦？

例如，亞里斯多德是其中一個最偉大的思想家。他被認為是西方的邏輯之父。但他的方法卻不是很科學。在他談論邏輯的書中，他說女人的牙齒比男人少。他有兩個妻子。只是一個就夠了，但他有兩個。所以在寫出那種敘述前，他可以要他妻子——張開嘴巴，數一下牙齒。那會是科學的方法、聰明的方法。但因為好幾世紀來，人們認為女人擁有的任何東西都比男人少，所以雙方的牙齒數量怎麼會相同？

所以在希臘，這是一個悠久的傳統，但沒有一個男人或女人試著去數數看，證明那只是胡扯。當一個像亞里斯多德的人在書中說女人的牙齒比男人少時，你希望我怎麼稱呼他？如果有兩個妻子都無法做這樣的實驗，那有兩個妻子的意義在哪兒？他的方式不是實驗過的，不是存在性的，不是科學的。他只是認同荒謬的迷信。我無法說他是一個知道的人。他甚至沒學到知道的基礎。

這個女人對於我說某些思想家是笨蛋感到困擾。但一個人還能怎麼做？

康德，偉大的德國思想家，一生未娶的原因是他無法決定是否要結婚。他研究了各種關於婚姻的資料。有個女人問過他；他們是朋友。她等了很久才問他。不該是女人主動——那看起來是不淑女的。但她累了。而他無法提出是因為他還在研究中。

最後女人問了。他說：「我擔心妳有一天會問，我還沒有結論。我找到結婚的理由；也找到不結婚的理由——它們數量一樣。如果我再找到一個支持或反對的理由就可以做決定了。但我現在怎能決定？只要再給我一點時間。」

他又花了三年，但他猶豫不決。這不是決定是否結婚的方式。這是很蠢的方式。三年後，他終於找到一個理由支持婚姻。這個簡單的理由應該是一開始就想到的，而不是最後。

最後，他想到是否結婚的理由數目也許一樣，但結婚會得到經驗，不結婚則沒有經驗。但這應該是一開始就想到的。他跑到那個女人家——因為已經三年沒見到她了——敲了門。她父親來開門。康德說：「我準備好了，因為我找到理由了。」

父親說：「太遲了。她已經有兩個小孩；她結婚了。你得找其他女人。」

但後來沒女人問過他，他也沒勇氣去問，因為他怕被女人拒絕，他不想聽到任何人拒絕他。

一個人必須冒險。如果你想結婚，你必須去問，你必須冒險。對方可能會拒絕，但這不會有任何損失。你可以問其他女人——有這麼多女人。無論你多愚蠢，一定會有人答應。康德怎麼會無法結婚！

現在這個女人認為我是矛盾的——我不是慈悲的，但我教導慈悲。把笨蛋稱為笨蛋——你認為這是不慈悲的嗎？我該稱他為天才嗎？我該說一個生病的人是健康的嗎？我該因為慈悲而說某個死人是活人嗎？

她提了另一個問題：「你是一個宗教人士，但你說基督教是三流的宗教。這是矛盾的。」現在她只是在找尋矛盾之處。如果基督教是三流的宗教，我能怎麼辦？就我而言，所有宗教都不需要。所有組織化的宗教都在阻礙人類的進步。但程度上是不同的。

例如，對我而言，佛教似乎是最純粹的。它是個枷鎖，但它是黃金做成的。我不要任何人被鎖住只因為枷鎖是黃金製的。枷鎖終究是枷鎖。無論你是否被關在黃金製的監牢，那沒有差別。但裡面仍有差異——佛教是最精煉的宗教。它沒有其他宗教那麼迷信。它拋棄了神的概念，知道那是迷信，不是事實——沒人經驗過。宗教需要很大的勇氣才會是沒有神的。而且在二十五世紀前，耶穌還沒出生，早於耶穌五百年。

佛教沒有祈禱。沒有神，因此不會有祈禱。佛教其中一個最大的貢獻就是將靜心發展到最純粹的層次。沒有祈禱，只有靜心。

祈禱需要神；靜心不需要神。祈禱需要信仰，靜心不需要信仰。

祈禱是一種動機、貪婪……要求某個東西。那就是祈禱的意思：你乞求某個東西。你要神為你做某件事，彷佛祂作的一切是不對的。

例如你妻子病了，你向神祈禱：「使我妻子恢復健康。」你試著建議神——全能的、全知的，根據你的宗教所述。祂知道一切，但你似乎認為你知道更多。你建議祂怎樣做才是對的。也許祂忘掉你妻子。但你的宗教說祂是無處不在的，即使在你妻子的床邊。祂比你更常在那兒。坐在你妻子的床邊，而你在想著某個女演員！你的心不在那兒。

祈禱的意思是你乞求某樣東西，你試著改善祂做的，試著建議祂。祂錯了，你糾正祂。

佛教沒有祈禱，只有靜心。靜心是一個全然不同的面向。基督教沒有任何靜心，只有祈禱。它沒有引領你進入自己，你的存在。它只是投射神，你只能相信祂。你不能懷疑。懷疑是個罪。這是在妨礙人類的進步和智慧。

基督教沒有任何可以和佛教相提並論的。它是三流的宗教。兩千年來，基督教做的一切證明它對人類是有害的，比佛教和印度教還危險。只有回教稍微領先它。但兩千年來，基督教一直以愛和神的名義殺害無數人、以宗教之名燒死活人。

基督教燒死數千個女人——無辜的女人——宣稱她們是女巫。沒人知道你用什麼標準說她們是女巫。現在沒有女巫。基督教怎麼做的？他們強迫女人承認她們是女巫，惡魔的僕人。他們折磨女人——老女人、無辜的女人——因為惡魔不存在。

你的神和惡魔都是假的。兩者都不存在。她們要如何服務惡魔？但教皇成立一個特別的調查法庭，那個法庭用各種方式折磨女人。任何人都能說某個女人是惡魔的僕人。那就足以展開調查——而調查不只是質問。

蘇聯共產黨做的一切就跟基督教在很久以前做的一樣。他們折磨⋯⋯他們好幾天不讓女人睡覺，除非她認罪。最後，因為折磨，似乎認罪就能解脫：「是的，我是惡魔的僕人。」一旦她承認了，法庭就決定在市中心燒死她。數千個活人被基督教燒死。而妳要我不把它稱為三流的宗教？

兩千年來，這些人一直在發動聖戰。聖戰的意思是宗教戰爭。沒有戰爭是有宗教性的。摧毀、謀殺、縱火和強暴怎麼會是有宗教性的？這些基督教十字軍一直在殺害猶太教徒和回教徒。你殺越多非基督教徒，你就累積越多功德，死後就越可能上天堂。你透過殺人累積另一個世界的帳戶存款！

一方面你說神是愛，另一方面你的愛證明是有毒的、摧毀性的。而這些代表耶穌基督的教皇是絕對正確的。只有笨蛋會說他們是絕對正確的。沒有任何有智慧的人會這樣說。奇怪的是，在某個人被選為教皇前，例如現在的教皇是波蘭人，全世界都知道波蘭人是出了名的笨蛋⋯⋯

在他被選為教皇前，他不是絕對正確的。只是透過兩百個主教的選舉，幾分鐘內就從會犯錯的變成絕對正確的。然後無論他說的一切都是真理、做的一切都是對的。在五分鐘前，他還只是個會犯錯的人！

有證據可以指出這些教皇跟任何人一樣都會犯錯。其中一個指控貞德，地球上曾有過的其中一個最美麗勇敢的女人……一個男性的沙文主義頭腦如此反對貞德只因為她證明自己比任何男人更勇敢強大。而這個男人的沙文主義頭腦感到很自卑；他不允許。

所以很多人說她是女巫——她的強大……否則女人不會有這樣的力量。她的力量、魅力和影響力只不過是惡魔的支持；否則一個平凡的女孩，沒受過教育的——她如何能帶領全國邁向自由？「一定是惡魔的支持」——然後她被活活燒死。這個證據就夠了，不需要任何調查。這只有男人才可以做到。

這個勇氣、魅力的特質、對數千人的影響、鼓舞人們為自由而戰、引領人們勝利的特質——足以證明這個女人被附身了，應該被活活燒死。然後她被活活燒死。無數人感覺這是醜陋的，因為這個女人為全國的自由所做的努力，這不是獎勵，而是懲罰——而她還不到二十歲。

三百年後，對貞德的同情是如此聲勢浩大造成另一個教皇宣稱她是聖人。他必須這麼做，因為人們開始到她的墓前膜拜，變成反教皇的。所以教皇最後只好宣稱她是聖人。一個教皇說她是女巫，另一個說她是聖人。一定有一個是錯的。更可能的是兩個都錯了——但不可能兩個都是對的。

因為教皇宣稱她是聖人，她的遺骸被拖出墳墓，用來膜拜。設置了一個美麗的大理石紀念碑，現在她是聖女貞德。但之前三百年一直是個女巫。

這不是宗教。這是政治。因為我說它是三流的，那個女人感到被冒犯。她是西方人，一定是基督教徒。我可以了解她感到受傷。但如果事實是傷人的，就堅強點；否則就不要聆聽事實。

如果你的雙眼是衰弱的，你無法在白天睜開，那就閉上它們。否則還能給你什麼建議？因為你的眼睛是衰弱的，感到疼痛，所以你想要光和太陽被摧毀嗎？

我這一生面對數百件法院訴訟只因為某個人的宗教感情受到傷害。我對法院說：「這是奇怪的。如果他們的感情受到傷害，那只是表示無論我說了什麼，他們都無法辯駁。他們沒有可以反駁的證據，否則就不會感覺受到傷害了。如果他們有其他論點：因為他們沒有，我不為此負責。他們不該擁有這麼虛弱愚蠢的宗教以致於使他們感到受傷。宗教應該要使你有更多的了解。」

兩天前，有一個回教領袖柯達非把雷根稱為第二個希特勒。我完全同意。當他聽到我的論點，我很確信他將會同意我。

我的確信是因為我說雷根超過希特勒數百萬倍。和雷根相比，希特勒做的一切不算什麼，而且雷根持續準備中。歷史上沒有人像他這麼有權力。權力帶來腐敗，完全的權力帶來完全的腐敗。所以我要柯達非知道雷根才是頭號希特勒。希特勒自己只是第二個希特勒！

二次大戰造成的損害早已恢復了。沒有留下任何傷口；事實上，任何發生戰爭的地方，都建立了比之前更好的城市。現在的德國比二次大戰前還富有。現在的日本比二次大戰前還強大富有。

二次大戰是危險的、造成傷害的，但即將到來的會是百萬倍的危險。雷根是想要盡快發動戰爭的狂熱基督教徒，因為現在美國的狀態是更好的。已經做好抵擋核武的準備，因為沒有核武可以進入美國：他們有一個可以保護全美國的裝置。七分鐘內，任何核武都能回擊。沒人知道它會射到哪兒。

俄國仍在研究防護的方法；它還沒辦法保護自己。那就是為什麼俄國一直是有禮貌的、友好的、準備停產核武。它甚至在本世紀末準備全面性停止生產核武。但為什麼要到世紀末？為什麼不是現在？如果你準備成為和平的，那何必還要持續十六年去生產超過所需的危險武器？俄國需要時間。所以才會有這個停產的禮貌性對話。

美國處於尷尬的情況，因為這是美國的機會：如果戰爭發生了，俄國將會被摧毀。也許全世界會隨著俄國摧毀。只剩下美國。為了只剩下美國，雷根準備冒這樣的險。俄國則想要多點時間。一旦它做好防護措施，它就不會這麼禮貌了。它從未這麼有禮貌過。那是突然的變化。說出事實是傷人的。

這個女人提過的其中一個問題是我對人們說他們是我的朋友，他們不用膜拜我；我不是他們的救世主，我只是他們的朋友。現在這個女人再次找到矛盾：「他們為什麼戴著上面有我的照片的項鍊？」

基督徒戴上十字架是因為一個動機：貪婪。十字架將會拯救他。我不是救世主。我不給予任何動機。脖子上放著我的照片不是膜拜我——因為你不會從中得到什麼。但如果人們愛某個人，想要和這個人有所聯繫，這會有什麼矛盾？他們非常愛這個人，他們敬愛這個人——那和膜拜是完全不同的。

膜拜裡面存在著貪婪，這個人將會給予你某個東西——你將會有回報。敬愛沒有任何動機。那只是最高層次的愛。如果某個人懷著敬愛，那不會有問題。我沒要他們戴著項鍊。我也不會叫他們不戴。我憑什麼替他們決定？

這不是宗教，不是教會。只是愛和靜心的團體。在這個愛和靜心中，如果敬愛發生了，如果你很感激，那不會有傷害。需要的是不要有任何動機。

我可以為你指出那條路。我無法帶你到達真理。你必須自己走。為了有夥伴，如果你想要攜帶我的照片，我不反對。我看不出有任何矛盾。

但這個女人似乎認定有矛盾。她是博學的；她已經做結論了。妳的問題不是問題。問題應該是敞開的。妳不該做結論。妳可以發問，但妳必須準備要聆聽事實。它也許會使妳感到受傷——那是其中一個問題。人們喜歡聽人講道。我不是傳教士。我說出來的事可能會使妳心神不寧。妳也許會感到受傷——而且是因為奇怪的原因！

我收到一封美國法西斯主義協會的主席寄來的信，說我不該反對希特勒。我收過數千封信：我不該反對克理虛納、甘地⋯⋯但我從未收過這種信。這是奇怪且非常刺激的。那個主席說：「你身為一個宗教人士，必須知道希特勒是舊約先知以利亞的化身。所以當你的談話反對他時，我們的宗教感情被傷害了。」現在連談論希特勒也是困難的！宗教感情受到傷害！

這似乎是奇怪的世界，充滿了瘋子。希特勒是先知以利亞的化身……！你無法阻止他們，因為沒有保證或證據。除了他的片面之詞。任何瘋子都可以說自己是誰。

克理虛納說自己是神的完美化身。他做的則是說服阿朱那參與了傷害這個國家根基的戰爭，五千年來，我們一直無法崛起。這個人要為這個國家兩千年來的奴役、貧窮和落後負責；否則這個國家會處於巔峰。但那個戰爭是如此毀滅性以致於摧毀了所有的天才和智者。

而他對阿朱那說什麼？他說：「是神要你戰鬥。」如果我是阿朱那，我會說：「讓我聽到神對我說。祂為何透過你告訴我？為什麼不直接告訴我？因為要戰鬥的人是我，祂應該直接告訴我。而我聽到的是這個戰爭是完全無意義的。對這個國家和它的財富、人民會是毀滅性的，我不想參與它。那是我聽到的。我聽到的是我應該退出戰爭，這個災難沒必要發生。」

那就是阿朱那試著要說的。他說出自己的想法，而克理虛納提到神：「那是神的意志。」

一旦牽涉到神，相信的頭腦會臣服。

這是奇怪的詭計，狡猾的策略，對人說這是神的意志。他們自然不會懷疑，因為懷疑是種罪。你必須照作。阿朱那必須參與摧毀全國及其命運和未來的戰爭。

這些所謂的先知、化身、救世主、彌賽亞——他們代表神。我不代表任何神。我只是對你說話，一個人對另一個人說話。膜拜我不會對你有幫助。對你有幫助的是靜心，是你對真理的尋找。我無法保證相信我就夠了、你不用再做任何事——你確定可以上天堂…！我無法承諾任何事。

由你決定現在就擁有你的天堂。何必等到死後？只有笨蛋會等待。那些有智慧的人會開始活在當下。不要聽從博學的人。他們只是鸚鵡。

我聽說有一個女人去買鸚鵡…

她很喜歡其中一隻鸚鵡，但店主人說：「請不要買那隻鸚鵡，還有很多鸚鵡。那隻鸚鵡來自一個邪惡的地方。有時候牠會講髒話，最好不要買牠，因為妳有小孩和丈夫，妳有時候會有客人。這隻鸚鵡是無賴。牠現在看起來很安靜，像聖人一樣，但當牠找到機會，牠會說某些影響妳的話。」

但她說：「如果牠這麼聰明狡猾，那我很有興趣。我喜歡牠，我們可以教牠。」

她仍堅持買了那隻鸚鵡。她想要給丈夫一個驚喜，於是把牠藏在簾子後面。當她丈夫回來時，她拉開簾子，鸚鵡說：「嗨，每天都有新的女人！你在哪找到這個女人的？」

可憐的女人想要讓丈夫驚喜。卻給了自己驚喜！鸚鵡來自於丈夫去過的妓院，所以他們很熟了。

你們所有的學者、拉比、主教不過是鸚鵡在複誦自己都不了解的、沒經驗過的東西。每當有人給你忠告，阻止他。不要因為好奇而聆聽，因為這個人一定是笨蛋。你沒有要求忠告，而他卻在給予。

佛陀的原則是他不回答問題，除非對方問了三次。這是奇怪的。人們不斷問：「為什麼是三次？」

佛陀說：「我要確定你真的有興趣，你真的想要答案，你準備要聆聽。除非我聽你問了三次，否則我不會回答。」

那是智者的態度。他會回答你，但只有當你渴望時。如果你不渴，如果你的存在不是個問號，他會保持沉默。我每天會收到很多問題。除非我覺得某個問題是真的來自於心，那個人是認真的，他會因為沒有答案而錯過，那時我才會回答。否則我會拒絕。

你只是問還不夠，不足以讓我回答。除非我感覺到那個強度，一個熱切的探求，否則我不會回答，因為我不是傳教士。我只對準備進入最終真理的朝聖之旅的人說話。

奧修，佛陀對他的弟子說他會再回來。二十五世紀過去了，但他仍未回來。似乎他的弟子仍在期待。你是否也會對我們做一樣的事？

我無法這麼做。我無法承諾你任何事，特別是關於未來。我可以為你在當下做任何事，但給你未來的承諾是危險的。

佛陀說他會在二十五世紀後回來。時間過了。他現在應該在這兒。但他沒有，他也不會回來，因為一旦一個人成道了，他就無法再回來。如果要返回並進入一個母親的子宮，一個人需要慾望，而成道的意思是變成無慾的。你沒有任何慾望，沒有慾望的種子，你就無法再出生。

如果佛陀真的成道了，他就無法再回來。如果他回來了，那他並未成道。未成道的人會一再回來。他在這兒死了，馬上就進入另一個子宮。

克理虛納承諾無論哪裡有需要、哪個宗教衰敗、每當人們變成邪惡的、不再有好人：「每當黑暗開始戰勝光明，我就會再回來。」但當他活著時，他並未用任何方式幫助世界變得更有宗教性、更正直、更好、更有人性……不。從那時起，人類每天越來越墮落。他還在等什麼？現在是時候了。

如果他成道了，那他就無法再回來。如果他沒成道，那他就一定會一直返回。如果他成道了——那令人懷疑：如果這使你感到受傷，我無能為力！一個成道者不會引領人們進入戰爭。他會努力促進和平、轉變人們，而非創造一個摧毀人們的狀況。他的承諾會是空洞的、沒達成的。耶穌也承諾他會回來。這似乎是某個捉弄人、欺騙人的老把戲。

無論你想做什麼，現在就做。為什麼要談論未來？你那時已經不在了，無法問：「那個承諾怎麼了？耶穌在那兒做了什麼？」

這是令人驚訝的，基督教徒一直談論他的奇蹟——他在水上走、透過觸碰治癒人們、透過呼喚讓一個叫拉撒路的人復活，已經死了四天的人。只要想想，如果有人做了這種事，他會被每個報社、廣播電台、電視節目提到。但除了聖經，沒有任何地方，甚至連他的名字都沒提到。猶太教經典也沒有——而他是個猶太人！他不是基督教徒，記住。他從不知道自己會成為基督教的創立者。他出生時是個猶太人，活著時一直是猶太人，死時仍是猶太人。

沒有任何猶太教經典、文獻或紀錄提到——甚至他的名字。你能相信一個在水上行走的人、用兩條麵包餵飽數千人的人、把水變成酒的人、讓死人復活的人⋯不會被當時的人提到嗎？你認為當時的人還會處死他嗎？我認為這就足以證明他沒胡扯；他真的是神唯一的兒子！

如果他施展了這些奇蹟，猶太人會以他為榮。他們會接受他是其中一個最偉大的先知。但他們完全沒接受，他們對他處以十字架刑。

這些都是基督教徒發明的。它們不是真的。大自然不會改變自己——沒人可以在水上走，沒人可以讓死人復活。

但基督教徒持續堅持這些事，因為如果這些事是假的，那耶穌就沒什麼重要的。所以這些發明出來的奇蹟是基督教徒仍相信耶穌的原因。他們並不相信耶穌，他們相信的是奇蹟。如果這些奇蹟被證明是假的，那他們的信仰將會消失。

當我說基督教是三流的宗教，這就是我的理由：它倚賴三流的東西。佛陀或馬哈維亞從未在水上行走，老子從未讓任何死人復活⋯如果他們被記得，那是因為生命的某些主要特質：他們的慈悲、愛、寧靜、達成、成道。他們沒施展過任何奇蹟。完全沒理由記住佛陀。但所有當時的資料都記載了他——不只是佛經，還有印度教經典和耆那教經典。所有當時的資料——支持或反對，但都記載了他。這個人對人類的內在留下很大的影響。雖然他對外在的一切沒做任何事，但他如此深入的觸碰到無數人的心。而基督教則倚賴愚蠢的事物。

有一個寓言：

有個人去找拉瑪克理虛納——就在上一世紀，沒有很久——挑戰他：「如果你真的是聖人，跟我來。讓我們在水上行走。」

拉瑪克理虛納住在河邊。他坐在樹下。他笑了：「先坐下。你一定累了。走了好幾哩。我們晚點再去。你先坐下。」然後拉瑪克理虛納問他：「我想知道你花了多少時間學到在水上行走的技巧？」

那個人說：「三十六年。」

拉瑪克理虛納說：「我的天！當我想要到對岸，只需要兩派薩。你用了三十六年才學到價值兩派薩的技巧！你一定是笨蛋！」

拉瑪克理虛納可以在水上行走，但他說得很清楚，就算你可以在水上行走又如何？那沒什麼神聖的。你覺得在水上行走是神聖的嗎？把水變成酒是神聖的嗎？那是犯罪、違法的；不該有人這麼做。

但整個基督教奠基於這種愚蠢的概念，完全荒謬的概念。例如，耶穌是處女生下來的。現在，沒有任何處女可以生產，所以他們把故事變成神的一部份——基督教的神——聖靈。是聖靈通姦！

我無法想像神會做這種事，讓處女懷孕。這種神應該坐牢。但沒有任何譴責，反而膜拜祂。為了保有他們的神和神唯一的兒子，那些膜拜的人沒有提出任何質疑。他們甚至不想做任何改變，雖然他們知道那不可能，科學上是不可能的——處女懷孕⋯而且生下嬰兒！這從未發生過，在耶穌之前或之後都沒發生過。

但基督教徒不準備放棄這種不正常的想法。相反的，他們堅持這使耶穌是一個特別的先知，擁有其他先知無法宣稱的特長。這可以愚弄平庸的人——和靈性完全無關。然後承諾⋯承諾似乎是很政治性的，就像每個政客一直承諾人們，但永遠不會履行。

你所謂的宗教領袖都在承諾——在你死後，兩百年後或兩千年後，他們會回來。但沒任何人出現。這足以證明這些人在說謊。但你會一直等待。你只是在浪費時間和生命。我無法這麼做。

我無法承諾給你任何東西。我信任當下，這個片刻。對我而言沒有明天，沒有未來。我要你了解存在一直處於此時此地。如果你想要真實的、強烈的生活，那就處於此時此地。全然的利用這個片刻。榨出它的精華。不要等到下一刻，因為誰知道下一刻會發生什麼事。你已經等了好幾世紀，數千年。這只是在浪費存在給你的大好機會。

生命是一所學校。你必須學習某些東西。不要拖到明天——明天永遠不會來到。利用這個片刻去學習。生命唯一想要你學習的就是知道你自己、成為你自己。然後無論發生什麼事，你都會是喜悅的。你會在裡面找到狂喜。不要考慮未來；未來是非存在性的。只有當下才是。

我全部的方法都是根植於當下的。因此我不承諾你任何東西。你必須學習全然的、盡可能強烈的活在當下。

同時從兩端燃燒你的生命火炬。那個強度會使你燃燒起來。以這樣的生命強度燃燒自己就是知道什麼是神性、宗教、靈性和神秘。沒有比這更多的了。

奧修，佛洛伊德認為自我欺騙的方式是透過把心理分成兩部分，每個部分是獨立的，可以追求不同的目標，它們對彼此一無所知，因為它們依據不同的原理來運作：一個是理智，另一個則是非言語的。我也感覺到這種分裂。是否某個像這樣的東西要為我的無覺知負責？

佛洛伊德跟你一樣無覺知。你應該先問頭腦是否有兩個分開且對彼此一無所知的部分：其中一個的運作方式是口頭的、語言的、理性的；另一個則是非口頭的、非語言的、非邏輯的。

第一個要問佛洛依德的是，他怎麼知道的？誰是知道有這兩個部分的第三方？一定有一個第三方，一個觀照，因為兩者沒有聯繫或溝通，它們是獨自運作的。那佛洛伊德如何知道頭腦有兩個獨立的部分？

他對覺知和觀照一無所知——他從未提過。他在這種情況下解釋覺知。他沒覺知到他有意識到第三個部分，因為需要第三者才能覺知到這兩者。否則你如何知道這兩者？

如果佛洛伊德知道，那只是證明他透過某個無意識的方式成為一個觀照。他從某段距離外看到頭腦的這兩個部分。那就是西方心理學錯過的——它已經很接近觀照。

他說的是完全正確的。頭腦被分成兩個部分。而且這兩部分對彼此一無所知。但要知道這點，唯一的方式就是成為一個在這兩部分之外的觀察者，可以看到兩者獨立的運作，沒有任何聯繫。不知情的，他經驗到一個靜心的片刻。

西方心理學仍不曉得靜心。我有時候覺得很驚訝，當我聽到這種言論，卻沒人問這些人：「你怎麼知道的？」——這是個簡單的問題。如果他們說頭腦的某部分知道另一部份，那就有溝通。他們無法這麼說。他們自己關上了門。

一個是可以言語的，另一個是無法言語的。沒有任何溝通的可能。它們獨自運作。一旦他們知道有第三個部分，不是頭腦而是你的意識，接受它就是知道那個無限的、那個絕對的。

東方在數千年前就知道頭腦的區分。事實上你會驚訝，東方了解到不只有兩個部分，而是四個部分。頭腦分裂成四個部分。幾乎像十字架。左腦和右腦是其中一個區分，前腦和後腦則是另一個區分。所以有四個部分。西方心理學只知道前者。佛洛伊德說的是前者。一個是可以言語的，另一個是無法言語的。

但前腦和後腦是另一個區分。前腦是活躍的，後腦則是完全不活動的。它們之間也沒有任何交流；因此生理學家意識到這兩個部分，因為後腦是完全不運作的——而自然不會形成任何沒有用的東西。後腦一定有些用處，否則自然為何要形成它？

所有位於後腦的中樞都是不活動的。但好幾世紀來，東方的靜心者都知道這些部分是有用的。頭腦分成四個部分，就如同言語部分的頭腦會使用語言、理智、邏輯，非言語部分的頭腦則是非理性的，對語言一無所知。它們之間毫無交流。這兩者都是活躍的——理智的和非理智的。但後腦則是完全不活動的。

靜心者了解到不活動的部分也是需要的，因為那是你休息的地方，否則你會發瘋。你的前腦會工作、活動、作夢、思考；後腦則是休息，處於深沉的平靜。那是你神智清醒的基礎，否則前腦會使你立刻進入發瘋的狀態。後腦是完全黑暗的、寧靜的。它是深厚的、非常神祕的，但那是你的根源所在的地方。

就像樹的根部位於黑暗的土壤中，前腦的根部位於後腦。沒有任何聯繫，但後腦一直是平靜的，幫助活躍的頭腦保持神智清醒。它持續給予你平靜的片刻。

晚上當你在作夢，前腦正在工作。你在某些片刻中沒有做夢，會感到有活力。在八小時的睡眠中，當你剛睡著，你的後腦就接管了一切。它是不活動的。甚至沒有作任何夢。那些深睡的片刻會使你恢復精神，到了早上你會感到有活力。

但在八小時的睡眠中，你幾乎有六小時在作夢。只有兩小時是沒作夢的——但不是持續如此。那兩小時分散在那八小時中——有時候某個時間是十五分鐘——但那兩小時是絕對需要的。如果你沒有那兩小時，你會發瘋——你和你毫無活動的後腦失去了聯繫。

為了知道這四個部分，一個人需要某個在它們之外的——那就是我們的意識、覺知。那不是思想，只是個觀照——只是面鏡子。

當鏡子反映，它不是在反應。鏡子不做任何事；它只是反映。了解這面鏡子就是了解整個存在的神秘。

佛洛伊德過著無意識的生活。他跟其他人一樣充滿憤怒、憎恨、野心。你應該看看他的生平事蹟。那會讓你對這個奠定心理分析科學的人有點了解：一個偉大的發現家，但在生活中，他是一個平凡、非常普通、平庸的人，非常執著、害怕死亡。那是奇怪的。

一個覺知的人會先擺脫死亡的概念。那會是他的頭腦中最先消失的，因為沒有死亡。一旦你嚐到覺知，你就嚐到了永恆。現在你知道：身體和頭腦會離去，而你會繼續留下。你一直在這兒，你以後也會一直在這兒——無論是否在身體裡面，但你的存在是永恆的。因此，對死亡的恐懼會先消失。但關於佛洛伊德的生活，你會驚訝：他比你還怕死。即使提到死這個字，他會非常害怕以致於神經失常——只是死這個字！

他坐在椅子上，你談到死亡，他馬上從椅子上跌下來陷入昏迷！他一生中發生過三次：他會口吐白沫。花了半小時才把他救回來。所以他的門徒都知道永遠不要在他面前提到死這個字。

他最親近的門徒是榮格。將會成為繼承人，但他對死亡很有興趣。他對死亡很著迷，所以雖然不能在佛洛伊德面前提到死亡，他仍然在不同場合提到三次。這是佛洛伊德和榮格分裂而且後者被趕出來的原因。他將成為他的繼承人。他是最聰明的門徒。但他創立了另一所學校——他做得到，但他被驅逐的原因是他會危害到佛洛伊德的生命。

這是奇怪的，對於一個如此聰明的人——新科學、心理分析的創立，非常接近人的心靈——卻如此平庸、害怕，即使一般人也覺得奇怪。但那一點都不奇怪。也許是因為他對頭腦的了解以致於他覺知到死亡。他將會死——那是確定的，毫無疑問。但對於頭腦之外的一切毫無所知，所以他變得很緊張和警覺，以致於他對死亡很神經質——因為他會死，所以不要提！如果有人死了——「不要告訴佛洛伊德。」他從不經過墓地，因為墳墓也許會使他想起死亡。

如果有靜心經驗的神秘家聽到佛洛伊德是心理分析的創立者，他們會大笑。但我的感覺是他很接近：只要再推一下。如果他遇到一個師父，只要再推一下，他就會發現覺知、意識。那會是奇蹟，唯一的奇蹟，有很大的重要性和意義、某個屬於真理的。真正的旅程從那時開始，然後你可以靠自己，不需要師父。站在門口前，也許你需要被推一把。

你也許看過小鳥出生：牠弄破蛋殼，母鳥試著教牠飛。牠拍動翅膀，但沒有離開巢：牠在害怕。牠可以看到母鳥一邊繞著巢飛翔一邊試著說服牠不要害怕：「你是我的孩子，就如同我有翅膀，你也有翅膀。」看到母鳥的翅膀，牠也拍動了翅膀。這就是同步性。

有時候如果幼鳥不敢跳，母鳥必須推牠。那是因為慈悲和愛。一旦牠被推——當然一開始牠會因為母親對牠做的事感到震驚。牠從未使用過翅膀；自然會害怕摔死。但只要牠被推出鳥巢，牠會遲疑一會兒，會有點胡亂揮動，但很快就會平衡。

牠會飛到另一棵樹，感到很快樂。牠會呼喚母鳥來到！牠會想飛得更遠、更久、更高。現在牠和母鳥一起飛翔：一旦牠對翅膀熟悉，牠很快就不需要母鳥。

有一天牠會飛走，永遠不再返回。那會是師父和弟子的一生中最偉大的一天。

奧修，我可以問你什麼是達顯嗎？

只要看著我的手指！

第十七章
一個用來找到你自己的方法

奧修，為什麼沒有成道的女師父？

男人因為很大的自卑感而感到痛苦，因為他無法生小孩。那是男人其中一個最深入的、無意識的自卑感。他知道女人是比較優秀的，因為在生命中，沒有比帶來新生命更至高無上了。

男人的功用，他對於誕生新生命的參與是可以忽略的。相當於用針筒注射。可以用針筒完成——他可以完全不用參與。他一定一開始就感覺到了。唯一克服這個自卑感的方式就是在各方面盡可能貶低女人，以便他可以忘掉自卑感，相信自己是比較優秀的。

世界上所有的社會、文化、宗教都以不同的方式做同樣的事：把女人貶成和男人不平等的次人類——如此自卑以致於在中國，數千年來，殺了自己的妻子甚至不會被認為有罪。丈夫不會被懲罰，因為女人只是財產，就像家具。如果你想要殺掉你的椅子，那不是犯罪。你可以摧毀所有的家具；那是你的家具。法律不能做什麼。女人被認為只是一部份的家具。丈夫是擁有人。

在印度，好幾世紀來，女人一直被告知她是個奴隸，男人，她的丈夫，則是主人——擁有者。她不能接受任何教育，經濟上無法獨立，無法像男人一樣自由的參與社會活動。她的房子就是界線；不能離開它。房子幾乎像是監獄。

你怎能認為女人可以成為靈性上的師父？

好幾世紀來，世界上有一半地方的女人甚至不能讓別人看到臉。

在印度，白天時，丈夫和妻子不能在家族中的長輩面前交談。他們只能晚上講悄悄話。好幾百年來，很多丈夫都不能看到妻子的臉，因為白天他們無法相遇。在數代同堂的大家庭中總會有長輩在。只有等到晚上⋯⋯五、六十人住在同一間屋子，像牲畜一樣，不可能溝通、討論哲學或宗教相關的事。

幾乎所有宗教都否定女人可以上天堂。她的丈夫是她的神。她應該用完全的支持和奉獻來侍奉他。就女人而言，這是唯一的宗教。這可以使她來世投胎成男人，然後門打開了。她可以努力提升靈性的高度，變成一個成道的師父。

有些宗教不讓女人讀經典。有些宗教不讓女人進去它們的廟宇。

她一直被奴役。貶成被用來生孩子和照顧他們一生。她沒被當成人。她只是生產的機器。男人做了所有能做的錯事，所有不人性的。

在印度教中，如果丈夫死了，妻子必須跳進他的火葬堆。她不能沒有丈夫而獨自活著——

她只是影子。沒了丈夫，她還能做什麼？男人的佔有慾是如此強以致於不只他活著時，妻子是他的，他還擔心到死後的事。當他不存在，誰知道？——妻子也許會愛上別人。他必須採取各種預防措施。最好的方法就是讓她跳入丈夫的火葬堆。那不容易。

把手指伸入燭火，你會知道整個人跳入火葬堆是什麼感受。但無數個女人做到了——被迫的。如果她們不這麼做，那表示她們背叛了丈夫。她們的餘生都會被譴責。與其過這樣的日子，最好還是忍受一個有尊嚴的死亡。但那是如此痛苦以致於婆羅門的教士必須不讓任何人察覺到女人會經歷的痛苦。

每當女人要跳入火葬堆，好幾噸的純化奶油會倒到她身上和火葬堆。這會產生很大的煙，像雲層一樣；沒人會看到發生什麼事。教士舉著長長的火炬繞著火葬堆站著。如果女人試著要逃走——因為那是自然的，她會想逃走——他們會用那些火炬把她推回去。

然後一群音樂家會拿著樂器吵鬧的演奏著，這樣你就無法聽到被你焚燒的那個女人的尖叫。

這被認為是神聖的。但這是謀殺——非常殘忍和原始的謀殺。數百萬年來，這被認為是神聖的，但奇怪的是男人從不做這種神聖的事。整個歷史上沒有任何男人跳進亡妻的火葬堆過。沒有任何婆羅門會讓男人遵循他們對女人做的一切。

如果這是神聖的，為什麼男人不照做？因為對男人而言，情況會完全不同——雙重標準。當女人的屍體燃燒著，人們則在想——這個男人何時再娶？會娶誰？

費了很多努力才讓這個醜陋的殺人儀式被廢除了，雖然偶爾還是會發生。

你必須了解在過去，男人並沒有慈悲的、充滿愛的、尊敬的對待女人。他的行為一直是違法的。

儘管如此，你必須知道仍有女人是偉大的靈性師父。儘管沒受過教育、不可能讀到經典、進入廟宇。所有宗教都禁止，即使是佛教——即使像佛陀——也許地球上沒有任何人有這樣神聖的特質。

威爾斯說佛陀是最不相信神的人，但卻又是最像神的。但這個最像神的人也害怕點化女人。幾乎有半輩子，數以千計的女人被他拒絕點化和讓她們進入社區。似乎像佛陀這樣的人這麼做不是很慈悲，而他的講道都是和慈悲有關的。

那個恐懼是什麼？他為什麼拒絕女人？恰巧這個養大他的女人⋯⋯因為他的母親在生了他之後馬上就死了。他母親的妹妹犧牲了一生。仍然是未娶的，以便把所有的關注和愛放到佛陀身上。

佛陀沒看過自己的母親，他把這個女人當成他的母親，比任何母親更像母親，比其他母親犧牲更多。當她老年時，她要求被點化，佛陀無法拒絕。他勉強點化了她。但他後來說的話則是對女人的譴責。他說：「我的宗教原本會持續五千年。現在我讓女人進入了我的宗教，它將只會持續五百年。」

只是點化女人，你的宗教就從五千年變成五百年？你真的擁有一個很棒的宗教！誰會這麼害怕女人？但這個恐懼是因為所有宗教都是性壓抑的。他們都說性是違反靈性的。

性是個單純自然的現象，而自然不是反對靈性的。任何反對自然的東西不會是靈性的。靈性是自然達成最終的潛力。但所有宗教都是性壓抑的，都在教導禁慾——那是完全不可能的：我只是無法想像，全世界有這麼多偉大的醫生、心理醫師、生物學家和化學家都知道禁慾是不可能的，但沒人說出事實。因為那違反了傳統——基督教、印度教、耆那教、佛教和全世界所有宗教。

無數人都知道這個事實，不能用頭腦控制你的生理學。你有在控制你的血液嗎？人類在三百年前才知道血液在身體裡面不斷循環著。數千年來，人們認為體內充滿了血液。沒有循環的問題，因為你沒有察覺到——但它是在循環。直到外科手術可以了解人體的結構後，我們才知道這點。

你有在控制你的消化嗎？你可以吃某個東西並把它變成血液嗎？你知道你的精液是如何產生的嗎？

如果你對自己的生理學一無所知，即使你知道，也沒辦法控制它。教人們禁慾是一個愚蠢的教導。你是在人們的頭腦中創造精神分裂；你把他們切成兩半。你在譴責他們的身體，而且每次他們無法達到你的期望時，你都會使他們有罪惡感——他們會失敗，因為他們無法控制自然。

如果你吃東西、呼吸、運動、走路⋯將會創造出精液，而你只有很小的空間容納它們。

它們需要被釋放，因為它們是活著的生物，如果你不釋放它們，它們會找到釋放自己的方式。

但奇怪的是一萬年來，沒有任何思想家反對禁慾，沒有說這種不自然的教導是犯罪的。這就是佛陀的恐懼。

因為他的比丘在禁慾，當女人被點化，她可能會和男人在一起。這個恐懼顯示出他知道得很清楚，這些比丘只是在壓抑性。如果他們可以碰到女人，所有的壓抑將會消失。

那就是為什麼原本會持續五千年的宗教會變成五百年。事實上，它甚至沒持續這麼久。你知道的。佛教起源於印度，也在印度完全消失——即使是紀念性的寺廟，佛陀成道的地方⋯教士是個婆羅門，因為那間寺廟沒有任何佛教徒留下。而教士還是個婆羅門。

婆羅門不相信佛陀和他的教導——佛陀也不認同婆羅門教和印度教的教導。奇怪的是佛陀的雕像需要一個教士，全印度找不到一個佛教徒。婆羅門是專業的教士，他們可以膜拜任何東西——你只需要付錢！他們不在乎你叫他們膜拜什麼。那和他們內心相信什麼無關，那只是個技能。

耆那教，另一個偉大的宗教，否定女人可以解脫。她們必須先以男人的身體出生。奇怪的是這些人持續說靈魂，內在的意識，不是男性的，也不是女性的。

如果意識不是男性的或女性的，那問題是什麼？為什麼女人不能解脫？為什麼不能透過女人的身體達到最終的真理？意識不是女人。身體永遠不會解脫，所以不會有問題。男人的身體或女人的身體都不會達到最終的。身體會在火葬堆燒掉！

你認為意識有分男性或女性嗎？這些宗教都沒有勇氣說出來，因為那完全是假的。但他們仍堅持女人無法達成。你知道原因是什麼嗎？就是女人無法控制月經。她會產生看得見的性現象——她無法禁慾。

但這些人是完全盲目的，男人也無法禁慾，雖然他沒有週期性的性表現。他仍常常釋放他的性——不是更少，而是更多。

即使甘地，到了七十歲仍會遺精…努力試著禁慾。那看起來是愚蠢的。他對於自己無法控制性而有罪惡感。但這些基督教修道院的修士、印度教徒、佛教徒和耆那教徒——沒有一個是禁慾者。如果有任何人是，他應該去醫院檢查。

我提出挑戰：沒有人會是禁慾者；沒有人可以是。

可憐的女人受了這麼多苦是因為她的月經，因為她無法隱藏。也許現在，如果馬哈維亞回來，他會改變想法，因為如果女人可以透過服藥停止月經。這表示女人比男人更能禁慾——更有解脫的潛力。所有她需要做的只是持續服藥。

就心靈層面和性的層面而言，藥物都是一個偉大的革命。從沒有任何東西可以被稱為偉大的革命，現在女人可以對馬哈維亞和所有阻礙她的人說：「月經停了。你們的和尚不是可信賴的，但藥物是可信賴的。」

藥物可以改變生理。月經是問題所在，全世界都認為女人在那幾天是骯髒的。她是不能碰觸的，不能下廚。

更傳統的印度教徒和耆那教徒會把女人留在黑暗的房間，以便她的影子不會碰到任何人，因為連她的影子也是骯髒的。這是可以讓女人有罪惡感和無助感的簡單方法。她能怎麼辦？這都是胡扯。她不是骯髒的！

儘管有這些宗教對女人的譴責，但還是有過偉大的師父——當然，非常少。如果她們可以是自由的，有同樣的機會，女性成為師父的數量會和男性是相等的。但儘管有這些成長的障礙，我要提到一些女人——但男人是如此狡猾以致於他們甚至會更改她們的名字。

耆那教其中一個渡津者——他們有二十四個偉大的師父——其中一個是女人。但他們把她的名字改成男性化的名字，以便任何人看到都不會知道她是女人。你可以去耆那教寺廟，你會看到二十四個雕像。都是男人。奇怪…那個女人呢？

那個女人，瑪里貝，她是渡津者。她一定是一個偉大的女人，具有極大的勇氣，因為首先她得和所有傳統的和尚和男人創造的社會對抗。其次，在耆那教中，一個人只有放棄了一切，包括衣服，才能達到最終的解脫。那表示除非一個人變成赤裸的，並且保持赤裸的，否則無法解脫。瑪里貝一定是非常勇敢的女人。她保持赤裸的，她證明自己擁有成為一個偉大師父的所有特質。儘管有這些反對，但她擁有如此吸引人的特質以致於人們最後還是接受她了。但當她死了，人們改了她的名字。

不幸的是我出生在耆那教家庭中。童年時我一直以為那二十四個渡津者都是男的——他們的名字是男性化的。我從未聽過瑪里貝(Mallibai)，我聽到的是瑪里納。bai 的意思是女人。他們從未做出女人的雕像。一直等到我長大了，看到經典⋯我對父母很憤怒：「你們欺騙我。」

我對耆那教的教士很憤怒，我對他們說：「你們在欺騙全人類。」我是如此憤怒。你不會相信——我把其中一個雕像拿走，並告訴他們：「除非你們做一個女人的雕像，否則那個地方會一直是空的，讓每個人知道發生了什麼事——你們將得回答。如果你用一個男人的雕像代替，我會再把它拿走。只要我在這個村子，那個地方必須是空的，或者你們放一個女人的雕像。」

那個地方一直是空的，直到我離開村子。之後當我去念大學時，我聽說他們用另一個男人的雕像取代了。

你以為這些人是有宗教性的、靈性的——欺騙了好幾世紀⋯？但不止耆那教如此，所有宗教都這樣。例如基督教有十二個門徒，但當耶穌被處以十字架刑，所有門徒因為害怕而逃走了——偉大的男人！只有三個愛著和尊敬著耶穌的女人⋯一個是耶穌的母親，瑪莉安，一個是妓女，瑪莉抹大拉，另一個是馬撒的姐姐——她也叫瑪莉。所以有三個瑪莉——當十二個門徒因為怕被抓去處以十字架刑而逃走後，這三個人還留下來。這三個女人證明她們是更勇敢的。

當耶穌的身體被從十字架上放下來時，沒有一個門徒在場。這三個女人把他的身體放下來——而耶穌從未尊敬過這些女人。即使他的母親。發生過一件事⋯

耶穌在對群眾講道，有個人告訴他：「你的母親在群眾後面，她想見你。她已經好幾年沒看到你。」

耶穌說：「告訴那個女人……」甚至不是「母親」──「告訴那個女人，沒有人是我的母親。我有天上的父親；我是神唯一的兒子。我沒有任何母親……」

「告訴那個女人……」這是醜陋的、噁心的！而這個人被認為是寧靜的王子。他甚至沒受過教育。他甚至不知道言行如何得體。

但行刑時，那個女人在場，毫不害怕。每個人都知道她是耶穌的母親。她是第一個把耶穌從十字架上放下來的人。

耶穌的門徒沒有一個是女人。雖然這三個女人──她們和他更親近，更了解他的教導。她們在各方面都勝過那十二個變成門徒的笨蛋──他們都是沒受教育的漁夫、伐木工、農夫。耶穌自己是木匠的兒子。

抹大拉是更有教養的──她是朱迪亞其中一個最美的女人。當她受到耶穌吸引後，她停止了賣淫。但因為她是女人，所以沒有成為門徒。

在基督教神聖的三位一體中，你可以看到奇怪的地方：上帝是父親；耶穌是兒子。一個人會問：「那母親在哪？」不，沒有母親。那會是一個美好單純的家庭──一個相信節育的家庭，非常先進的。

但沒有女人。只是為了避免三位一體裡面有女人──因為沒有男人可以忍受給予女人這樣的地位——他們用一個奇怪的形相取代了那個女人，聖靈。沒人知道它是誰、它是做什麼的，為什麼三位一體裡面需要它。它是個奇怪的傢伙。沒人知道它是男人或女人——或者都不是！更可能是第三性：只是個靈魂？我沒聽過靈魂有性別之分！它是第三性。

但這最高的三位一體裡面沒有女人是因為男人非常反對。雖然整個歷史上，如我所說的，瑪里貝證明耆那教是錯誤的。女人可以達成，因為不是透過身體才能達成，而是覺知，覺知和身體無關。

盲人、聾子、跛子、啞巴都可以達成：那問題在哪？為什麼女人不行？

瑪里貝不是例外，她確實摧毀了耆那教的教義，她證明了這些教條是男性沙文主義，女人應該站出來為自己發言。

在喀什米爾有另一個女人——她叫萊拉。她也赤裸的過了一生，她被認為是其中一個最美的女人。喀什米爾誕生了許多美麗的人，有些是世界上最美的人。在喀什米爾，因為現有百分之九十是回教徒，據說喀什米爾只知道膜拜兩個人：一個是阿拉，另一個是萊拉。

萊拉不是回教徒，但她令回教徒印象深刻，而回教甚至不允許女人拿走臉上的面罩。你只能看到女回教徒的眼睛，沒別的了。每個女回教徒看起來都是美麗的。

我聽說穆拉納斯魯丁結婚了……

這是習俗——回教家庭的女人婚後要進入丈夫的房子前，會先詢問丈夫她可以在誰面前拿掉面罩。那由丈夫決定。他可以說：「妳可以在這些人面前拿掉面罩，否則妳必須一直戴著面罩。」

穆拉說：「我自己都沒看過妳的臉。先讓我看，然後我才決定。」他是一個有智慧的人。女人拿掉了面罩；穆拉閉上眼睛說：「除了我之外，妳可以在任何人面前拿下面罩。原諒我！」他沒看過這麼醜的女人！

你不能在婚前看到臉，你只能看到眼睛，透過眼睛很難決定。

回教徒甚至不允許女人的臉被看到，但他們膜拜萊拉如同膜拜阿拉一樣。這個女人一定大大的影響了喀什米爾。我旅遊過喀什米爾全境，我不斷聽到喀什米爾只知道兩個名字：阿拉和萊拉。

她是一個偉大的師父，擁有很多的追隨者。而且她有一個我喜愛的特質：她從不屬於任何組織化宗教，她是一個獨立的師父。但仍有其他宗教的人們來膜拜她。

在阿拉伯有一個女人，一個蘇菲神秘家，拉比雅⋯⋯

回教不是偉大的宗教，但就數量而言，它是第二大。就品質而言，它是最後一名。但奇怪的是有少數宗教誕生了一個小小的支派，它達到了靈性的最高峰。回教是非常世俗的、平凡的宗教。它只是名義上是個宗教。但它創造了一個達到靈性最高峰的支派──蘇菲。

蘇菲是所有宗教中其中一個最棒的產物。無法和它相比。而在蘇菲派中，沒有一個人可以和拉比雅相比。她處於最高峰。其中一個最偉大的蘇菲徒是哈珊。他是一個非常被尊敬的聖人。我想到一個事件⋯⋯

我要說清楚，拉比雅甚至比偉大的師父還偉大。

哈珊是個偉大的師父，擁有數千個跟隨者。他在拉比雅家中作客，一如往常的，到了早上，他想要看可蘭經。但他沒有帶來自己的可蘭經，於是他跟拉比雅借。拉比雅把自己的可蘭經拿給他。他翻開後感到驚訝，拉比雅在很多地方做了修改——內容非常反對伊斯蘭教義。可蘭經是神最後的訊息，穆罕默德是他最後的使者。不會再有任何訊息來了。沒有人可以修正可蘭經、改變任何地方。拉比雅甚至劃掉幾個字，刪了幾段——她直接把它們剪掉！

哈珊說：「拉比雅，有人毀了妳的可蘭經。」

拉比雅說：「誰會毀掉我的可蘭經？那都是我自己弄的。我必須這麼做。例如，看你現在看的地方。」有一句說：「當你遇到惡魔，憎恨它……」拉比雅把「憎恨它，」這句話劃掉，改寫成「愛它。」

哈珊說：「但是拉比雅，這是神的訊息；妳不能更改。」

她說：「是誰的訊息並不重要，那不符合我的經驗。自從我覺知到自己，唯一存在的只有愛。即使惡魔來到我面前，我除了愛它無法做任何事。這是我的可蘭經！它反映了我。那必須依據我和我的經驗。憎恨已經從我裡面完全消失了，我無法做什麼。我無法接受這句話。」

「即使神來到並對我這麼說，我也會與祂辯論，因為這不是我的經驗。我可以用我的經驗說，當那個片刻來到，你只會是純粹的愛。然後無論誰在你面前，你只會充滿愛的看著對方。你會分享你的愛，散播你的愛。和對象是誰無關，神或惡魔。即使你獨自坐著，一個達成的人會散發愛，雖然沒人接收。那只是成道的特質。」

哈珊只得同意：「我從沒這麼想過。」

另一個偉大的蘇菲神秘家，朱奈德，在清真寺前祈禱。他常常在寺外人們放鞋子的地方祈禱，因為他說：「我還沒有純淨到可以進去面對神。當我準備好了，祂會叫我進去。」

他在祈禱時，拉比雅經過了。她站在那兒聽他說什麼。朱奈德閉著眼睛說：「我的主，打開門，呼喚我進入。我還得等多久？」

拉比雅站在他後面，拉起他的領子——不該有這種行為；這是違反回教教義的。當某人在祈禱，你不能打擾他。

拉比雅推了他，朱奈德張開眼睛。她說：「你似乎很愚蠢。門一直是開的，祂一直在呼喚。你聾了！你瞎了！如果我再聽到：『我的主，打開門！』我會打你的頭，因為門一直是開的。神的門從未關上，祂不會等一會兒才呼喚你。祂的呼喚是持續的——祂一直在呼喚你。不要這麼蠢，停止這些胡扯。如果你想進去，那就進去。如果你不想進去，就在外面。但我不允許有這種祈禱。」

這個女人一定很勇敢——朱奈德，一個擁有數千個信徒的師父，師父中的師父。曼蘇爾，一個很有名的神秘家，是他的弟子。但拉比雅是對的，朱奈德必須觸碰她的腳說：「妳是對的。我是盲目的。也許門一直是開的。我聾了。也許祂一直在呼喚。我不會再做這樣的祈禱。

原諒我。」

世界上曾經有過少數的女師父，可以用手指數出來，我給你們這三個例子，但她們足以證明身為女人並不會達不到師父的層次。

但女人也必須在各方面主張她的對等。教育、財務、服務、工作。她必須在每個地方站在男人旁邊主張她的對等、特質、天賦、才華。

記住一點：她必須不去模仿男人——那正是女性解放運動所發生的。再次是錯誤的一步。總是這樣發生：一個人從一極移到另一極。男人如此嚴重的壓抑女人以致於女人開始模仿男人。女人永遠無法透過這個方式和男人對等，因為複製品就是複製品；它永遠不是原創的。

所以我不要妳變成跟男人一樣。妳必須成為女人。妳必須保有妳的獨特性和差異——同時在各方面主張自己的自主和自由。妳只有這樣才能也在靈性方面宣稱自己的自由，因為只有靈性方面是不夠的。那有賴於很多其他方面。

在那些因素中，女人必須是表現自己的。妳必須是藝術家、詩人、畫家、雕刻家、音樂家或舞者。妳必須在各方面去主張自己，無論妳的才能和天賦引領妳往哪兒走。不要模仿男人。仍然要以妳的女性特質為基礎。

妳和男人的差異會是妳的吸引力和美。妳和男人的差異是必須的張力，否則生命會是乏味的。女人必須是女人。男人必須是男人。他們越遠離彼此，對彼此的吸引力就越大。他們是對立的兩極，那是他們愛和對抗的原因。

但女性解放運動創造了一個世界上很愚蠢的思想體系：只是模仿男人。因為他們抽菸，所以妳抽菸。不要變成醜陋的。如果他們是愚蠢的，妳不需要跟他們一樣愚蠢！

女性解放運動已經漸趨瘋狂。現在她們教導女人不該愛男人，女人應該愛彼此。她們在教導女同性戀。這完全是神智不清，和過去所有宗教教導的一切一樣瘋狂——男人應該當修士。修士自然會變成男同性戀；沒別的方式。

女同性戀是一個醜陋的現象，如同男同性戀——性反常。這不是證明妳的勇氣的方式。妳必須證明妳的女性特質，妳的自主，妳的不同，妳和男人不同的觀點。妳必須保有這些特質。那是妳的寶藏。但妳同時得要求同樣的機會去成為表現自己的，做妳想做的。那必須發生在生活的每個層面中。只有這樣妳才能期望有機會在靈性上是自由的、自主的，甚至得到成為師父的特質。

這是可能的。這在以前發生過，沒有任何大自然的阻礙。所有阻礙都是男人創造的。愛我、了解我的人應該開始拋棄這些阻礙。那會是給予妳的豐厚報償。前人對女人做的一切，你必須解開它。然後男人和女人才能過著朋友般的生活。不需要男人成為主人，而女人成為奴隸。他們是對等的。但數千年來，妳一直被告知妳不是和他對等的。

舊約聖經的故事說上帝創造了亞當。「亞當」的意思是泥巴；祂用泥巴創造了亞當。「人」的意思也是泥濘。上帝用泥巴創造了人。

奇怪的是你的上帝——是人創造的；上帝是人創造的——造成了不同。祂沒有用泥巴創造夏娃——彷彿泥巴是很貴的東西！祂不要彼此是對等的。祂從一開始就種下不對等的種子。祂用亞當的肋骨創造了夏娃。在人類歷史上，祂是第一個進行外科手術的。當亞當睡著了，祂拿了一根肋骨，用那根肋骨創造了女人，第一個女人，夏娃。

我聽說當亞當和夏娃住在伊甸園時，在他們被驅逐前，每晚當亞當回家要睡覺時，夏娃都會算他的肋骨。她害怕上帝會創造別的女人——藏在某處⋯否則他為什麼晚歸？

但我不了解。上帝可以用同樣的土壤和泥巴創造出雙方。但祂用肋骨創造了女人。男人自然會以為他是主人，女人只是根肋骨。

如果我們要創造新人類、新關係，我們必須拋棄這些無意義的故事，它們已經深植於頭腦。女人不需要像男人，男人不需要像女人。雙方一直試著這麼做——否則男人為什麼要一直刮鬍子？我念大學時⋯

我非常想得到獎學金，因為我的家人說：「如果你去念哲學，我們就不會支付你的學費。我們經濟有困難，而你卻去念哲學！如果你去念工科、變成醫生，那是可以接受的，我們會試著在各方面幫助你。即使我們必須借錢，但哲學不行。」

於是我說：「你們不用擔心。我會處理。」

我直接去找副校長：「情況是這樣；我父母說如果我念哲學，他們就無法幫助我，但我不想念其他科系，因為我的一生將會和哲學對抗。我必須了解它！所以申請獎學金的表格在哪？」

他很吃驚。他說：「冷靜點。你先坐下！你似乎脾氣不好。」他說：「我可以問件事嗎？你為什麼要留鬍子？」——我已經開始長鬍子了。

我說：「你弄錯了。你不該問我。我沒有讓它長出來——是它自己長出來的。我可以問你為什麼一直刮鬍子——因為那是你做的。那不是它造成的。」

那個人到處翻找後說：「表格在這兒。你去申請獎學金。我會想想你說的。」

我說：「我每天都會來，直到得到答案。你要回答我為什麼你要刮鬍子⋯」

他無法回答。然後我對他說：「我知道答案。你也許不曉得，你也許只是在模仿別人，但根本原因就是男人認為女人看起來是美麗的——但他忘記那是對他而言。他認為因為女人對他而言看起來是美麗的，所以他也該刮鬍子，然後他對女人而言也會是美麗的。他錯了！女人什麼都沒說——那是另一回事——但沒有女人會喜歡刮過鬍子的男人，因為那看起來只會像是另一個女人。」

奧修，我愛你。現在下一個公案來了：你為什麼在這兒？我為什麼在這兒？

這是個美麗的問題。我會用一個小故事回覆⋯

穆拉納斯魯丁正要離開某個村莊回家。他經過一個墓地，他看到——那是傍晚，但還有點光——有一些佩著劍的人騎著馬迎面而來。一大群人跟著他們，手上拿著燃燒中的火炬。他感到很害怕。他聽說有人在侵犯小村莊，燒毀他們的屋子、殺人、搶奪財寶和強暴女人。似乎很像這些人。

也許只是經過他們也很危險。道路和墓地間有一道牆。他跳到牆後躲起來。有一個墳墓是剛挖好的。因為有人死了，屍體很快就會下葬，所以挖墓人先把墓地準備好。於是他躺進去，假裝死了。

那些騎著馬的人只是在進行婚禮。他們要去其他村莊，他們的習俗是新郎會騎著馬，手上拿著劍，他的一些親近的朋友也會騎著馬。整個婚禮的隊伍，一大群人拿著火炬，因為要入夜了。

他們看到穆拉像個影子跳進墓地。他們納悶：「似乎是小偷。奇怪。」於是他們打開墓園的門進去。

穆拉聽到他們來了。他閉上眼睛。試著停止呼吸。他們都拿著火炬看著他。他們無法相信：這個人才剛進來就死了！

但穆拉能停止呼吸多久？當他聽到他們大笑⋯⋯某個人說：「我們不該浪費時間。他似乎是某個笨蛋。其他村莊的人還在等，我們要趕快到那兒；現在在進行婚禮。」

當他聽到婚禮，他立刻張開眼睛。某個人說：「這個人沒死。」

他坐了起來。某個人問：「怎麼回事？你在這兒做什麼？你為什麼在這兒？」

穆拉納斯魯丁說：「那正是我本來要問的：你們在這兒做什麼？你們為什麼在這兒？但現在沒必要提問或回答了。我知道我在這兒是因為你們，你們在這兒是因為我。」

奧修，為什麼誠實的、仁慈的、善良的人在受苦？為什麼狡猾的、虛偽的、邪惡的人受到尊敬？是因為他們過去的業造成的嗎？

不需要相信業報、命運。不需要相信人們受苦是因為他們前世錯誤的行為。事實是好人、善人一定會受苦。你無法在生命中擁有一切。如果你擁有仁慈，那就享受它；如果你擁有美德，那就享受它；如果你擁有善良，那就享受它。

你為什麼要嫉妒那些成為首相的人或富人？如果那個競賽是為了金錢、權力、名望、受人愛戴，那惡人一定會勝過好人，但如果那個競賽是為了內在的寧靜、平靜、寂靜、靜心、神性，那壞人不會得到任何東西。我看不出這有什麼問題。如果你問某人，他會用前世來解釋，因為對邏輯學家或神學家而言，似乎沒有其他解釋。

他們一直對你說好人不該受苦，惡人才該受苦。但在現實生活中，你看到的剛好相反：好人在受苦；惡人居高位、享受著。神學家自然會創造出前世的虛構故事，關於信仰、業報——所有虛假的東西。但事實很單純：仁慈和賺錢無關。仁慈會掙得某個更珍貴的，它會掙得頭腦的平靜。

善人不需要擔心世俗的東西。他也許沒有皇宮，但住在小屋的他會活得比住在皇宮的國王更喜樂。善良的人無法得到皇宮，但他會得到喜樂。狡猾的人可以得到皇宮，但他會失去頭腦的平靜，他會失去和自己的所有聯繫。

所以對我而言很明顯。如果你要的是內在的世界和內在的富有，就成為善良的，不要嫉妒那些可憐的人，他們狡猾的賺錢，為了受人尊敬和高高在上的位置做了各種犯罪的行為。你兩個都想要嗎？你想要靜心和錢嗎？你要求太多了。有些東西必須留給狡猾的人！他做了很多努力。然後他的內在為此受苦。你受的苦是外在的，他受的苦是內在的——而那是更大的痛苦。

所以我不認為生命必須用虛構的東西來解釋。生命是單純的數學題。你得到你值得有的。不要要求任何和你的本質無關的，然後就不會有問題。然後你就不會看到以你的方式所看到的——善良的人在受苦。不。沒有任何善良的人會受苦。

每個善良的人都喜樂的享受每個片刻。如果他在受苦，那他就不是善良的，他只是懦夫。基本上他是狡猾的，但他不是勇敢的。他想要狡猾的人所擁有的，但他不敢成為狡猾的，他也沒有聰明到可以成為狡猾的。狡猾是門學問。

狡猾的人會得到他們想要的。邪惡的人會得到他們想要的。但善良的人不需要嫉妒，因為他們擁有內在的真正財富。他們會是慈悲的。他們會看到那些可憐的、狡猾的政客，非常富有的人——他們會看到他們內在的貧窮，他們內在的黑暗，他們內在的地獄，善人會憐憫他們，而不是和他們競爭！

奧修，佛經說實相的本質是空性。有時候感覺成為空會是很大的慰藉，而不是成為充滿的、沉重的。請你談談。

佛經說的是shunyata，被翻譯成空性。但英文中的空(emptiness)並沒有shunyata的意義。英語裡面沒有等同shunyata的字，所以我會給你一些例子讓你了解它是一個很怪的字。

例如這個大廳充滿了人、家具和燈。如果我說把這兒清空：人們離開，家具拿走，燈拿走——把這兒能拿走的都拿走——你會說現在大廳是空的。但那只說了一半。你應該說大廳裡沒有人、家具和其他東西，但現在它是充滿空間的。在這之前，它是充滿人的，沒有空間。現在人們離開了，空間出現了，寬敞的。

所以shunyata的意思是空間的充滿和空。它不只是空的。「空」這個字是負向的，而shunyata這個字不是負向的。它只是說你會是沒有憤怒、嫉妒、頭腦、自我的——你的存在裡面沒有任何家具。除了你的意識，在你裡面的一切都是空的，將會有浩瀚的空間讓你的意識去填滿它。你會是充滿意識的。

所以問題在於你從哪方面來看。如果你看的是那些被扔掉的——自我、嫉妒、憤怒、暴力——那你會說：「現在這個人是空的。」但如果你考慮的是他的內在，他的意識，你會說：「現在他內在的意識填滿了整個空間。他是充滿、溢出的。」

Shunyata 有其正面的部分，那是空這個字沒有的。

所以把空這個字連結正面的部分——空掉一切虛假的，不是空掉真實的，不是空掉存在、意識。你會是充滿、溢出的。記住，充滿、溢出不表示沉重，因為意識沒有重量。那是世界上唯一沒有重量的存在性現象。即使光也有些重量。

一開始人們以為光沒有重量，但最近科學家發現如果你將五平方英哩的日光集中在一點上，會有大約兩百五十克的重量。它是有重量的。

光是非常輕的，但它仍然有重量。意識是完全沒有重量的。所以你會是充滿、溢出的，但不是沉重的。

奧修，我是誰？

我的天，這傢伙忘了自己的名字！聽好並寫下來以免你又忘掉：你的名字是斯文南達巴替！你住在雅美達巴德，印度的古吉拉特邦！

不要笑，那是每個人的情況！

我知道這不會滿足他。他想要真的知道自己。但無數人都滿足於自己的名字。他們以為這就是他們。他們看著鏡子以為這是他們的臉、身體、眼睛……

我聽說有一個醉漢在酒吧裡面打架……

某個人重擊他的臉，所以他流著血，滿是傷痕。回到家後……妻子有很大的權力，難以置信的權力。即使醉漢快到家前也突然變清醒了！

當他到了門口，他心想：「我又晚歸了、喝醉了，而且臉上都是血。到了早上一定會有麻煩。」

現在他有鑰匙，於是他安靜的開了門，進了臥室，看著鏡子說：「早上一定會有麻煩，因為這些傷痕無法解釋。我找不到藉口，所以我得藏住它們。」

他找了一些藥膏，並把它塗滿了傷口——他覺得現在沒問題了。於是他去睡覺。

到了早上，妻子在浴室尖叫：「誰毀了我的鏡子？誰在我的鏡子上畫畫？」

他把藥膏塗滿了鏡子！

他醉了，他以為那是他的臉！

無數人憑著鏡子活著。他們以為那是他的臉、名字、身分，以為這就是一切。

你必須再深入。你必須閉上眼睛。你必須看著自己的內在。你必須變成寧靜的。除非你的內在達到完全的寧靜，否則你永遠都不會知道你是誰。我無法告訴你。沒有辦法告訴你。每個人都必須去尋找它。

但你存在——那部份是確定的。唯一的問題是觸碰到你內在的核心，找到自己。那就是我這些年來一直教導的。我所謂的靜心只不過是找到自己的方法。

不要問我。不要問任何人。答案在你裡面，你必須深入自己去找出來。那是如此接近——只要轉一百八十度彎，你就會看到它。

你會驚訝，你不是你的名字、臉、身體，你甚至不是你的頭腦。你是整個存在和它的美、壯麗、喜樂、無窮狂喜的一部份。

知道自己就是宗教的意義。其他的一切都只是儀式。去教堂、廟宇、持咒——這些都是荒謬的儀式。

在深深的寧靜中知道自己是唯一的實相，唯一真實的宗教。

第十八章 生活的藝術

奧修，請讓我了解什麼是正確的生活？

有兩種去生活、成為生活和知道生活的方式，一個是努力、意志、自我；另一個不是自我、奮鬥，而是放鬆的處於存在中。

世界上所有的宗教都在教你第一種方式，去對抗——對抗自然、世界、自己的身體、頭腦。只有那時你才能達成真理、最終的、永恆的。但這足以證明這個要得到權力的決心、這個自我之旅、這個對抗和戰爭會完全失敗。數百萬年來，只有很少人達成生命的最終體驗，如此稀少以致於他們只證明這是例外，不是常態。

我教你第二種方式：不要對抗存在之流，而是跟隨它；它不是你的敵人。如果人試著逆流而上，和河流對抗，他很快就會疲倦，而且他不會有任何進展。河流是巨大的，他只是小小的一部份。

在這個巨大的存在中，你比一個原子還渺小。所以你要如何和整體對抗？這個想法是不明智的。你是整體誕生下來的——它怎會是你的敵人？自然是你的母親，它不會對抗你。你的身體是你的生命，它無法反對你。儘管你不斷和它對抗，它仍然服侍著你。它在你醒著時服侍你，甚至你睡著時也在服侍你。是誰在呼吸？你在睡覺打呼。身體有自己的智慧。它持續呼吸著，心持續跳動著，身體持續的不依賴你而運作著。事實上，你不在時它可以運作得更好。你的存在會是打擾，因為你的頭腦受到叫你反對身體的人所制約。

我教你友善的對待存在。我不要你棄世，因為世界是我們的。沒有任何存在的東西是反對你的。你要學習的是生活的藝術——不是棄世的藝術，而是慶祝的藝術。問題只在於學習某個把毒藥變成甘露的藝術。

你看到很多藥品都是毒藥，但透過科學家，毒藥變成了藥品。它沒有殺死你，而是救了你。

如果你發現你的身體、自然、世界都在反對你，記住：一定是你的無知、錯誤的態度造成的。一定是你不知道生活的藝術。你不曉得存在不會反對你。你透過它而誕生，你活在它裡面，它給了你一切，而你甚至不感激。相反的，所有的宗教從一開始就教你譴責它。

任何教你譴責生命的宗教都是有毒的。它是反對生命的，它是在服務死亡；不是在服務你，不是在服務存在。但為什麼會有這個問題？

這些宗教都在反對自然。他們為什麼創造這種邏輯說除非你反對世界，否則你永遠無法抵達另一個世界、更高層次的世界？他們為什麼造成這個世界和另一個世界的分別？這有一個原因。

如果不需要放棄這個世界，而是全然的活過它，那教士就不再被需要。如果必須放棄這個世界，和它對抗，你就得壓抑你天生的本能。然後當然，你會是病態的。如果反對自然，你就永遠無法是健康完整的。你會一直是分裂的、精神失常的。你自然會需要某個人指引你、幫助你——你會需要教士。

直到現在，宗教一直是教士的職業。它和神、另一個世界無關。它只有一個目的：如何剝削你、奴役你。教士已經使這個世界變成一個巨大的奴隸集中營。

宗教有很多種；但差別只是不同的奴隸集中營。當你厭倦其中一個，你會進入另一個，你以為可以得到自由，但你只是在換監獄。

基督教徒變成印度教徒，印度教徒變成基督教徒：也許當時他以為會得到自由，因為那是新鮮的。但他很快就感到驚訝，他再次陷入枷鎖。雖然那個枷鎖有不同的顏色，由不同的金屬製成，他再次被關進某個思想體系中。他的頭腦再次被那些要求他相信的謊言所制約。

當他是印度教徒，他被要求相信羅摩是神，克理虛納是神的完美化身。現在他是基督教徒——羅摩和克理虛納是不重要的，祂們不再是神——現在耶穌才是神唯一的兒子。只是換了語言，但深入去看，那是同樣的束縛。

就在某天，我沒有回答某個問題，因為那一定來自某個印度教徒。那個問題是：「穆罕默德有九個妻子，他吃肉，而且他的一生只不過是一個持續不斷的戰爭——殺人；耶穌也吃肉喝酒。佛陀反對酒；馬哈維亞反對酒和肉。我們要如何決定誰才是真正的救世主？」

但他沒提到印度教——而他的名字是印度名。他沒提到羅摩的畫像和雕像總是披弓戴箭。他不是非暴力的。他打過仗；他一定殺了無數人。發問者問為什麼穆罕默德有九個妻子，但他沒問為什麼克理虛納有一萬六千個妻子。

那個問題本身就是錯的。如果你了解我，唯一的救世主是你自己。沒有選擇的問題。只要你選擇，你就會選擇某個錯誤的。選擇就是錯的，那和你選擇誰無關。

你一直在問要選擇哪個監獄。這個是白色的、那個是藍色的、這個是綠色的⋯⋯要選哪個監獄？但你不能選擇自由嗎？你決定永遠是一個奴隸和囚犯嗎？

我可以看到一個狡猾的頭腦。你只問到其他宗教，但沒提到你的宗教。所有的宗教或多或少都是罪犯。也許有程度上的差異，但它們都是罪犯，因為它們承諾某個無法給你的。否則全世界早就被拯救了。有過這麼多救世主，我納悶你是如何逃離而不被拯救的。

每個宗教都有救世主、先知、神，而信徒都處於同樣的痛苦中。痛苦並不會被區分為回教、基督教、印度教或佛教。痛苦就只是痛苦。世界上的每個人都處於痛苦、煩惱、憂慮中。他們已經相信了數千年，但他們的相信完全沒幫助。

已經夠了。你必須成熟點，你必須對這些救世主、先知和他們的代言人說：「夠了就是夠了。現在收起你們所有的生意。我們對被拯救沒興趣，我們的興趣在於完全有生氣的。」完全的生活才會拯救你，這些宗教都在切斷你的生命：這個是錯的，那個是錯的⋯⋯使你的生命更痛苦，使你的生命只不過是個罪惡，充滿了傷痕。

當你有罪，你自然會去教堂、清真寺或謁師所；你要求教士、神職人員或拉比幫助你，因為在你深沉的黑暗中——是創造出這個黑暗的他們要負責的——你是如此無助，你需要某人保護你，幫助你，讓你看到光。你是如此絕望以致於你沒想到教士是否比你知道更多，或者他只是領薪水的人。

在拉瑪克理虛納的一生中曾發生⋯

有一個屬於首陀羅的女人，拉妮魯曼尼——首陀羅是印度最低的種姓，幾乎不被當成是人。牛還受到更多尊敬，而人甚至還沒這麼受尊敬。那個女人是個女王，但她是個首陀羅。她有足夠的錢。她不能去任何廟宇，雖然她是女王。這個故事沒很久，一百年前發生的。

她在靠近加爾各答的達克希涅斯瓦興建了一個美麗的廟宇，這樣她就能膜拜。但問題來了：沒有教士願意在她的廟宇中膜拜。這間廟變成不能觸摸的。裡面的神也變成不能觸摸的，因為是被一個不能觸摸的女人興建了這間廟——奇怪的邏輯。這個女人甚至沒摸過這間廟——但整間廟是由不能觸摸的人興建的。磚塊是他們製作的，興建廟宇需要的一切都是最低的種姓製作的，但沒有廟宇是不能觸摸的。甚至神像也是被不能觸摸的人製作的——石匠——但那些神不是不能觸摸的。這個女人只是用了自己的錢⋯現在你能說因為錢來自一個不能觸摸的人，所以它是不能觸摸的嗎？

錢經過無數人的手。那就是為什麼它被稱為貨幣（currency）——它一直在移動，它是水流動的。你口袋裡的鈔票經過無數人的手。很多不能觸摸的人、回教徒、基督教徒可能都觸碰過。他們也許身上有各種疾病，因為也許有結核病、癌症、愛滋病的人都用過它們。事實上，整個貨幣制度是完全不衛生的，應該要改變。它是不科學的。

你應該要有屬於你的信用卡，放在你身上，不要給別人用。貨幣是醜陋的，它也許會散播很多疾病。但沒有任何醫學專家質疑過。

但是在達克希涅斯瓦，那間廟仍然是空的，因為沒有婆羅門會去裡面膜拜。她找遍了整個孟加拉，然後這個年輕人，拉瑪克理虛納——他那時只有二十歲——他說：「沒問題。我會來。」

整個社會都在譴責他。人們說：「你在摧毀自己。你會被取消婆羅門的身分。你在墮落。你變成了首陀羅。」

他說：「我不在乎，但我無法看到有任何神沒有被膜拜。我準備冒險，但我不能讓那些可憐的神沒被膜拜。」

和每個人對抗——他的家庭、每個人——他去了，但他是個怪人。他開始膜拜。

拉妮魯曼尼確實是通情達理的女人，非常有智慧。雖然那間廟是由教士打理一切，她從未進去過。她會來，一直留在外面，人們放鞋的地方，坐在那兒——而她是女王——從門後看、膜拜，拉瑪克理虛納則跳著舞、唱著歌…但問題是拉瑪克理虛納有時會唱歌跳舞好幾個小時。其他人早已離開——他會獨自待在那兒。有時他甚至不會打開廟門，他會上鎖。

拉妮魯曼尼問他：「怎麼回事？你有時候會膜拜數小時。我聽說有時候你會膜拜一整天，有時候你甚至不會打開廟門。」

他說：「那是我和神的事。沒人能干涉。當祂對我很慈悲，我會感激祂。當祂的舉止是無理的，我會給祂上一課！我會對祂說：餓個兩、三天，祢就不會再做傻事。」

拉妮魯曼尼說：「你在說什麼？那只是石像。」

拉瑪克理虛納說：「如果那只是石像，我就不會失去我的種姓。我就不用和整個社會對抗。對我而言，那不只是石像。」

拉妮說：「我還聽說你準備供養神的食物——你會先嚐過。那不合乎經典說的。你必須先給神，然後分給奉獻者，再來是你自己。但你不該先食用。」

他說：「你可以把你的廟拿回去，我會離開，因為我很清楚——我的母親給我吃任何東西前會先嚐過。當我問她原因，她說：「如果那東西不好吃，我就不會給你吃。」所以我怎麼能不這麼做？我不在乎你的經典；我對它們一無所知。我只有從我母親那兒學到如果愛是存在的，那就不能給予任何不美味的食物。我必須先嚐過，然後我才能貢獻出來。」

這個人，拉瑪克理虛納被逐出婆羅門教，你無法找到另一個處於同樣高度、擁有同樣洞見的婆羅門。他在那兒不是為了錢。他在那兒是為了膜拜，而膜拜是個愛情事件。除了愛之外，沒有其他的法則。由愛來決定，不是其他東西。

所以問題不是你得選擇誰，問題是你是否要愛上存在？把它當成神？然後無論你屬於哪個宗教就不重要了。那些都變得不重要了。你必須找到核心。如果你要選擇，你會永遠都無法決定。

例如，沒有耆那教徒會承認耶穌是成道者，因為根據他們的教義，沒有任何成道者是會喝酒的。當你成道了，你經驗到最終的狂喜——酒還能給你什麼？酒是用來讓痛苦的人忘掉痛苦用的。酒幫你忘掉某件事。你想要忘掉痛苦，但沒人想忘掉喜樂、狂喜。

如果一個狂喜的人喝酒，他會忘掉它。沒有靜心者會喝酒。那是不合理的、不科學的。所以沒有耆那教徒或佛教徒會承認耶穌成道了。但另一方面，基督教徒也有疑問，因為佛陀沒有服務窮人或幫助病人變成健康的，馬哈維亞也沒有讓死人復活。他們不關心其他人。

根據基督教的觀點，這些人是自私的，他們只為了自己的成道而靜心。同時有數百萬人在死去、挨餓、生病，他們沒為他們做任何事。如果他們沒有慈悲心、不服務別人，他們怎麼會是成道者？如果他們不服務別人，那可以確定他們沒在別人裡面看到神。你會陷入這類的爭論而無法選擇——但根本不需要。

你不決定誰對誰錯。那是他們的問題。無論耶穌、佛陀是否成道，那和你無關。問題是你有沒有成道！

沒有辦法決定耶穌、佛陀或馬哈維亞，但對於你是確定的。你可以為自己決定。你很清楚你沒成道。在這時候是否適合沒成道的你去決定別人……浪費你的生命、時間和能量？而且你仍無法得到結論，因為他們都有其論點。

基督教徒說耶穌為了救人類而被處以十字架刑；他獻出自己的生命。就基督教的背景而言，那看起來是完全正確的。但就印度教、耆那教、佛教或道教的立場而言，這是荒謬的。對這四個宗教而言，除非他的前世做了很大的惡行才會被處以十字架刑。否則十字架刑是不可能的。

耆那教說馬哈維亞赤裸的、光著腳走路，當路上有任何荊棘，看到馬哈維亞走來，它們會讓出路來。它們會直接跳開，因為他已經償還他的業了！他甚至不能受這點苦，因為受苦需要原因，而他已經摧毀所有的原因了。荊棘必須離開。

佛教徒說當佛陀坐在樹下，那時不是那棵樹開花的季節，但它會開滿花。必須如此，因為成道者是很罕見的，珍貴的，以致於樹甚至忘記這不是開花的季節。但誰在乎季節？當一個成道者坐在下面，樹是如此喜悅；那是它唱歌、跳舞和慶祝的方式。

現在佛教徒無法相信耶穌坐在無花果樹下——他有三天都在挨餓，因為樹上沒有任何果實，他很生氣。雖然他被稱為寧靜的王子，談論愛你的敵人就像愛自己，但他對待無花果樹的行為像是智障。他咒罵它：「你不歡迎餓了三天的我和我的朋友。果實在哪兒？」但那時不是對的季節。可憐的無花果樹能怎麼辦？

在不對的季節咒罵一棵無法長出果實的樹是不合理的。那只顯示出一個人的憤怒、神智不清。他的行為像個智力低下的小孩，因為被桌子絆倒就開始打桌子，彷彿是桌子打了他。那就是耶穌做的——因為無花果樹上沒有果實而咒罵它。

沒有任何東方的宗教會接受耶穌和他的行為。但基督教徒也無法接受東方先知的一千零一件事。馬哈維亞赤裸的生活只表示他是暴露狂。只要明天赤裸的站在馬路上。沒人會膜拜你。會有人叫警察，你會被帶到警局，因為這是違法的。

佛洛伊德曾說當你想要把身體給人們看時，那是種暴露狂，心理疾病。世界上到處都有會拔頭髮的瘋子；馬哈維亞曾這樣做過。他從未給人剪頭髮，因為他不想依賴任何人。他從未使用刮鬍刀，因為他不想使用任何技術。所以唯一的方式就是拔自己的頭髮和鬍子。他每年都會這麼做，無數的跟隨者會流著淚看著他展示偉大的苦行。

但從佛洛伊德的觀點來看，這個人有點神智不清。而那些站在那兒的人，沒去工作，停止營業，流著淚水……他們也是心理不正常的。對心理醫師而言，這些人是虐待狂；他們喜歡看某人折磨自己。

這個折磨自己的人——我不認為人類歷史上有任何人折磨自己勝過馬哈維亞——性受虐狂。他喜歡折磨自己，喜歡展示他多麼嚴厲的折磨自己。他只會吸引虐待狂——那些想要看某人折磨自己的人。他們想要折磨，但他們沒勇氣做到，因為那是危險的。但當某人折磨自己，這是個不能錯過的美麗時刻。

如果你一直分析這些人，你永遠都無法有結論，你會越來越困惑。我的建議是那和你無關，無論他們成道了還是瘋了，那是他們的問題。你的問題是向內看，你所在的地方。你是否處於痛苦、憂慮、煩惱、錯過生命的某個東西、不滿足、找不到任何意義、只是拖行著自己直到死亡……

黑暗越來越黑暗，死亡每天越來越接近——這是該研究神學問題的時候嗎？這應該是改變你的存在的時候。你的時間沒有很多。

你會驚訝的知道，本世紀其中一個最偉大的師父，葛吉夫，說了一段沒有任何神秘家或師父說過的話。他對他的弟子說：「不要待在你以為靈魂存在的幻象中。你不是以靈魂的形式誕生。你是沒有靈魂的。只有很少人可以創造靈魂。那些創造靈魂的人也許躲過死亡，但大部分的人將會完全的死去；沒留下任何東西。」

那是個震撼，因為自古以來所有神秘家說的剛好相反——你是以一個靈魂的存在而誕生，你只是沒意識到。所以學習覺知的技巧，你就會發現它。

為什麼葛吉夫說那是完全錯誤的——「事實是沒有人以靈魂的形式誕生。靈魂是某個需要極大努力和智慧才能創造出來的，而且很少人成功。只有那些人繼續在來世活下去，其他人則隨著死亡消失，他們沒有把握機會。」

我常被問到事實為何，葛吉夫說的是否正確，或者自古以來所有的神秘家說的才是對的。兩者都是對的。過去的神秘家把事實告訴你，但人是非常無意識的、狡猾的。聽到這個，無論你是否做任何事，你都會擁有成道的潛力。

熟睡中的人會想：「那就不用急。先做那些明天你就無法做的事」——一千零一件世俗的事在吸引你的注意。就靈魂而言，它會一直存在。你今天擁有它，你明天擁有它，你來世也會擁有它。那只是時間的問題——無論如何你都會擁有它。那只是是否意識到它的問題。所以何不做其它你還沒做的事？

意識到它不會使你富有。相反的，你會變窮，因為你會開始信任人們，人們會開始欺騙你。你也許會變成慈悲的，人們會利用你。

我有一次要從印多爾到那格浦爾⋯⋯

在中途，坎德瓦站，我必須換車。必須等幾乎兩小時，所以我在等車子到達坎德瓦。我獨自坐在車廂，有個乞丐走向我說：「我妻子死了。」

我說：「那真糟糕，」並給了他一盧比。

他看著我。難以置信——他看著盧比——那是否假的。

我說：「不用擔心。那是真的。不像你妻子。」

他說：「你是什麼意思？」

我說：「沒什麼意思。只是順便一提，我提醒你那不像你的妻子，它是真的盧比。」

他走掉了，但仍然很震驚。

五到十分鐘後，他又回來了。上一次他穿著外套和戴著帽子；這次他沒穿外套，沒戴帽子，以為不會被認出來。但當他回來，我說：「怎麼回事？又有人死了嗎？」

他說：「什麼？你怎麼知道？我父親剛死了。」

我說：「我知道，我會在這兒待兩小時，所以你可以讓你的親戚死掉——無論多少人。

對我而言並不昂貴。一盧比換一條命。」

他說：「這是悲傷的事情，而你拿這開玩笑。」

我說：「這真的很令人悲傷：首先你妻子死了，十分鐘後，你父親死了。你再回家看看……某個人一定死了！」

他說：「如果你這麼說，我會回去。」

「但你要回來，因為一定會有人死掉，我會在這兒待兩小時。」十分鐘後，他回來了。他說：「你似乎是個先知。我回家發現我母親死了。」

我說：「這一盧比給你。你一共有多少親戚？」

他說：「你是什麼意思？」

我說：「我可以先給你預付款。你讓他們死掉，因為這對你是個折磨」……來回奔波……然後某人死掉……「你全家都會在今天死掉，所以你只要告訴我數量——你還有多少在世的親人？」

就在那時，某件事發生在那人身上，他說：「不。我不能拿預付款。這太過分了。因為我一直在騙人。我妻子每天都會死掉。你今天殺了我三個親人，現在你給我其他人的預付款。不，那太過分了。我不能這麼做。」

然後他問我是否知道被騙。我說：「我很享受！只是獨自坐在這兒——沒事可做，而你提供這麼好的消遣。我很享受整件事。我只是好奇你可以發明多少個親戚。你一定有一個大家庭：叔叔和他們的妻兒。你只要算一下，我準備為每個人支付一盧比。」

他拿出之前拿走的三盧比說：「請拿回去。我不能騙你。」

我說：「怎麼回事？有什麼困難？你一直在這麼做，我只是另一個過客，」

他說：「不，你跟他們不同。你……你讓我感覺很不好，這不只是欺騙你的問題。我也顯示出我的醜陋——只是為了得到一點錢，我每天都得殺害我的親人。不，我不能拿，請你把這三盧比拿回去。如果你不拿，我不會離開。你必須拿回去，因為我妻子、父母都還活著。」

然後我說：「拿走它們，把這當成慶祝，因為他們沒死，他們還活著。如果我可以因為人死而給予，為什麼不能因為人還活著而給予？我的給予會更喜悅；你不要有罪惡感。」

你越覺知，你就會有越多愛，越慈悲。你不會是狡猾的、欺騙的，你周圍的人會想利用你。

自然的，全世界熟睡的人決定靈魂是某個不用在意的——連死亡也帶不走！它會一直跟著你，無論你做了什麼。罪人、聖人，但靈魂是你永遠持有的。它可以被拖延；你可以先做其他的事。

因此葛吉夫出於慈悲說了謊。他想要使你震驚，你濫用了神秘家因為單純天真而說出的事實。他說：「你必須盡快做某件事。這是最重要的事，第一優先。你甚至不能有片刻拖延。」

為了使這變成一個強烈的渴望，他說了謊。他幫助很多人進入費力的訓練、自我規範、變成覺知的。因為如果某人宣稱你沒有靈魂，你自然會忘掉工廠和店鋪、你的妻兒。你第一個要做的會是如何達成你內在深處的存在，因為你擁有的這些都會被拿走。如果你沒有靈魂，死亡會是確定的，沒有任何東西會存活。

我不想對你說你沒有靈魂。但我要你了解，不要錯誤解讀我說的一切。你有靈魂，跟其他人一樣。事實上，除了靈魂的共產主義之外，沒有其他的共產主義。只有靈魂是一樣的。最偉大的是佛陀，你的潛力並未和他不同。他已經實現了，認出來了；你的潛力還熟睡著。

所有宗教教你的方法都是對抗的方法；沒有使你到達任何地方。他們只是毀了你生活的喜悅。他們毒化生命中所有可以享受的。他們創造了悲傷的人類。我想要人類是充滿愛的、唱著歌的、跳著舞的。

我要你知道我的方法是另一種，你不和河流對抗，逆流而上——那是愚蠢的。你無法對抗，河流的本質是巨大強勁的。最好的方式是從死人身上學習。死人知道一些活人不知道的秘密。

活人如果不知道如何游泳就會溺水。這是很奇怪的。等到死了，他們又浮起來了。當他們活著時，他們向下沉；當他們死了，他們又浮上來。死人確實知道一些活人不知道的事。怎麼回事？死人完全的放開來。他甚至不游泳。他不做任何事。

最好的泳者只是浮著。最終的泳者跟死人一樣，跟隨著河水，無論河流往哪兒去——它總是通往海洋。每條河都會通往海洋，所以你不用擔心你是否在聖河中。無論是否神聖，每條河遲早都注定會到達海洋。你只需要隨著河水漂浮。我把這稱為信任——信任存在，無論它通往何方，它會引領你走在正確的路上，正確的目的地。它不是你的敵人。信任自然，無論它帶你到哪兒，那都是你的家。

如果全人類都學習放鬆而不是對抗，學習放開來而不是用很大的努力，意識的特質將會有巨大的改變。放鬆的人們，只會隨著河流靜靜的移動，沒有自己的目標，沒有自我⋯

在如此放鬆的漂浮中，你不會有任何自我。自我需要努力——你必須做某件事。自我是做者，透過漂浮，你不再是做者。在這個無為中，你會驚訝，你的憂慮和痛苦開始離開，無論存在給你什麼，你開始變成滿足的。

有一個蘇菲神秘家在旅行⋯

每晚他都會感謝存在：「你為我做了這麼多，我無法報答，我永遠都無法償還。」他的門徒感到些許厭惡，因為生命有時候很辛苦。

蘇菲神秘家是一個叛逆的人。這次會有三天沒食物，他們經過的每個村莊都拒絕給他們食物，因為他們不是正統的回教徒。他們是叛逆的蘇菲團體。村民不提供住處給他們，他們睡在沙漠裡。他們是飢餓的、口渴的，已經第三天了。在晚上的祈禱中，神秘家再次對存在說：「我很感激。你為我們做了這麼多，我們甚至無法報答。」

有一個門徒說：「這太過分了。請告訴我們在這三天，存在為我們做了什麼？你為了什麼感激存在？」

老人笑了。他說：「你還無法意識到存在為我們做的一切。這三天對我是非常有意義的。我是飢餓的、口渴的；我們沒有住處，被拒絕、譴責、被石頭砸。我看著內在——沒有任何憤怒。我感謝存在。它的禮物是無價的。我永遠都無法償還。三天的飢餓、口渴、睡不好、被丟石頭…但我仍未有任何敵意、憤怒、憎恨、失敗、失望。那一定是存在的恩典；它在支持著我們。」

「這三天使我看到了很多，那是有食物、住處、沒被石頭砸時所無法看到的，而你問我為什麼要感激存在？即使我要死了，也會感激存在，因為透過死亡，我知道存在會讓我看到神秘的一切，就像它在生命中讓我看到的，因為死亡不是終點，而是生命的高潮。」

學習跟著存在流動，這樣你就不會有任何罪惡感或傷口。不要和你的身體、自然或任何東西對抗，你會是平靜的、安定的、處之泰然的。

這個情況會幫助你變得更警覺、覺知、有意識，最後會引領你到達最終的覺醒之海——涅槃。

奧修，我的臣服是目標導向的，我向你臣服是為了擺脫痛苦和悲慘——那不是真正的臣服。我看著這一切，但問題是誰在看？透過看的了解是自我的了解。我覺得被自我騙了。

再更多的看——誰被自我騙？誰覺得：「我被自我騙？」除了自我之外，一定還有些別的，否則你不會這麼感覺。如果你只是自我，那就無法擺脫它。但你已經知道了。你只是沒注意到。你沒強調你已經意識到「我的臣服是目標導向的，」你總是有某個動機。即使你想不被所有悲慘和痛苦所束縛，但那一直是你——誰做出這樣的聲明？只要再更多看⋯

你已經站在邊緣。只要再一步，然後你就能看清楚。處於那個看就是轉變。你不做任何事，你只要意識到你不是自我，自我將和所有欲望和動機一起崩解——無論好或壞、虔誠的或不虔誠的、此岸的或彼岸的——自我只是崩塌。它的整個架構會崩塌，當你了解到它在崩塌的那一刻，那一刻就是自由的時刻。

這個問題對每個人而言是重要的。發問者——我回答過他很多問題，但有幾天我沒回答。昨天他寫了一個問題——很憤怒的。我仍然沒回答，因為我要他了解除非他問了真正的問題，否則他不會得到答案。今天，他了解了。

昨天他很生氣，說所有問題都一樣重要。我知道。它們都一樣，但不重要。所有問題都是不重要的。

在你的意識狀態下，你無法問一個真正重要的問題。如果你可以問一個真正重要的問題，那就沒必要提問了，那表示你快覺醒了。你會在熟睡的狀態中發問。在你的睡眠中，很多人會不斷講話。

我在印度常到處旅行，從這個地方到那個地方，不斷的，好幾年。有時候會發生——我總是選擇雙人的空調車廂。或者單人的⋯有時候沒有這樣的車廂，我只得選擇更大的四人車廂，所以會有四個人⋯聽他們說夢話是有趣的。我通常沒這種機會，因為我單獨一人睡覺。人們會說奇怪的夢話，使我很驚訝。如果你搖醒他們，他們會否認說過這種話，但在睡眠中，他們是更真實的。有時候這會是很大的麻煩。

曾發生過⋯我和三個人在一起，這三人都很會打呼。他們打呼的方式是當一個人打呼，另一個會打呼的更大聲，第三個則會勝過他們，然後第一個人會再更大聲。

我不了解他們在睡眠中怎麼做到的。同樣的情況不斷發生。最後我只得在清醒時打呼——如此大聲以致於他們都醒了。

他們看著我——我張開眼睛坐著——他們說：「你真怪，在清醒時打呼。」

我說：「那就是困難的地方。當我睡著，我就睡著了，但因為你們三個，我無法睡著。而這是我的問題：我醒著時會打呼。所以我們必須決定。我準備進行談判：一個是我必須醒著，但這樣你們都無法入睡。如果你們要讓我睡，那你們不能打呼。你們決定。我不急。旅途很長。我們會有四十八小時在一起——兩晚——所以你們可以決定。」

他們說：「這是個怪人。」他們在討論：「我們沒聽說有人在清醒時打呼！但這個人從一開始就很怪。現在我們要怎麼做？」

我說：「沒問題。你們只需不打呼。如果我睡著了，我就不會打呼。」

他們說：「好。我們會試試。」

出於恐懼，這奏效了！他們整晚都沒打呼。到了早上，他們說：「你做了一個奇蹟。我們一生都試著停止打呼。我們是三兄弟，年紀最大的是打呼最大聲的。全家人都對我們很困擾。他們讓我們三個在同一個房間睡覺。他們不讓我們晚上睡在不同地方——甚至我們的妻子也不想和我們睡。所以我們三個睡在一起。」

然後我說：「我了解了。我正奇怪你們如何維持這種同步性的。如果你們一起睡了好幾年，自然會有些規律。一個打呼，另兩個則是安靜的；當第一個停止打呼，第二個則開始打呼；當第二個停止打呼，第三個會開始打呼；當第三個停止打呼，第一個再度打呼，不斷循環。」

他們說：「你施展了奇蹟——你打破我們的循環了！現在告訴我們，你真的清醒時會打呼嗎？」

我說：「當有三個人的打呼聲這麼大時，你能怎麼辦？我必須在清醒時打呼，讓你們知道如果你們想睡覺，那你們也得讓我能睡覺。」

在你的熟睡中，你有時候也會問很邏輯的問題，它們對你而言似乎是很重要的。但你發問不表示我有義務回答。他越來越生氣，我每天都在觀察他。我知道我會讓他恢復理智——他會了解。我猜他一定是從事法律的工作。我知道如何對待從事和法律、邏輯、這類專門工作相關的人。但我很高興他變回人類——不再是法律專家了。

這個問題是重要的。你只需要更注意你所了解的，你所觀察到的，使你感受到每個動機、目的、慾望都起因於自我。你要如何擺脫自我？

你無法擺脫自我。

因為你和它是分開來的！

有一個禪的故事：

一個禪師——禪是佛教的精華。佛教透過禪達到最終的開花。我不認為還會有任何能勝過禪的。

這是奇怪的：佛教透過一群創造出禪的叛逆者達到了最高峰。它不是正統的佛教。回教透過蘇菲達到同樣的高峰，蘇菲也是叛逆的，不是正統的。猶太教透過哈希德派達到了和禪、蘇菲一樣的高峰，但哈希德派不是正統的。猶太人不認為他們是有宗教性的。但這三個叛逆的團體，屬於不同的種族和宗教，當他們開花時都達到同樣的狀態，達到了最高峰。

這可以讓你有個洞見，如果你想要是有宗教性的，你就得學著成為叛逆的。你無法同時是正統的和有宗教性的。那不可能。從未發生過，也將不會發生。

你必須超越傳統。

你必須超越過去。

你必須心理上是真正叛逆的。然後無論你是出生於猶太家庭、佛教家庭或回教家庭都無所謂，你將會達成。

這三個宗教，屬於不同類別，都透過叛逆產生同樣的結果。那可以使你有某個洞見。有些宗教仍是不孕的。基督教、印度教、耆那教沒創造出任何能和禪相比的。這三個宗教仍是不孕的，所以他們只會是正統的，他們沒有叛逆的靈魂。

這三個達到同樣高度的宗教——他們的正統派別不接受達到那些高度的。但任何無偏見的人——一個跟我一樣不屬於任何傳統、正統的人——可以了解禪、蘇菲、哈希德裡面的芬芳。

我試著強調成為叛逆的、反對死氣沉沉的傳統才是成為真正靈性的一部份。最大的叛逆是你變成一個你的自我的真實觀察者。自我一直透過傳統和正統人士得到養分。自我一直被老舊的、死氣沉沉的一切所尊敬。

當你是無自我的，你不會變成謙虛的。記住，不要陷入這種謬論。無我之人不是謙虛的，因為自我會躲在謙虛中，它會扮演一個新角色。它會使你感覺你是最謙虛的人，但自我會從後門進來。

無自我的人不是自我主義的或謙虛的，他只是真實的、真誠的。無論你享受他的真實或因為他的真實而受傷都無所謂。

我回答過一個西方女人的問題。我還在等待，因為她還在這兒。她今天又提問了。只有等到我看到她問了個人的問題，她自己的問題，我才會把她叫來，並用麥克風問她問題。她仍然在意別人。現在她問：「你說所有波蘭人都是笨蛋。你的意思是什麼？」

我不是教皇。我是會犯錯的。我要說的是所有笨蛋都是波蘭人。他們也許會出生在別的地方，那無所謂，但他們擁有波蘭人的特質。所以為了滿足這個西方女人，我改變我的說法。

但她是狡猾的。

她問了另一個問題，顯示她問了真正和自己有關的。如果她在這兒，受到這麼多震撼，那表示她有興趣。不管我說了什麼，她都有從中得到些養分。

我會等她。當她問了和自己有關的問題…因為她和波蘭人有什麼關係？

我想到蕭伯納…

他第一次去美國。紐約有一個盛大的宴會。所有名人、官員、知識份子都在場。他說：「我一直以為百分之五十的美國人都是笨蛋。」

那令人震撼。這是美國人辦的宴會，他第一天在美國，用這樣的話開頭…坐在椅子上的市長忍不住立刻問他：「你是什麼意思？」

蕭伯納笑了。他說：「我的意思是百分之五十的美國人是很有智慧的人。」

他們都鼓掌了！

然後蕭伯納靠近市長說：「你看到了嗎？我說的上一句話是對的。」

第十九章 一句簡單的謝謝

奧修，佛陀說：「成為你自己的光。」他的弟子則說：「皈依佛。」這是否有任何矛盾？

曾經有一個評論家問一個偉大的詩人：「你的詩是美麗的，但它充滿了矛盾。你有什麼要說的嗎？」詩人說的話必須記住。他說：「我是浩瀚無垠的，可以包含矛盾。」

我不知道評論家是否能了解，但你必須了解。生命是浩瀚無垠的，它可以和所有的矛盾共存。事實上，它不能沒有矛盾。沒有死亡就不會有生命，沒有黑暗就不會有光，沒有恨就不會有愛，沒有女人就不會有男人。一切都有其對立方。當你透過純粹邏輯的眼睛看，它似乎是矛盾的。當你透過沒有任何邏輯的眼睛看，你只會看到互補；所有的矛盾都是互補。

佛陀說的這句話是人類進化史上的其中一個里程碑：成為你自己的光。在他之前沒人敢說這種話。他們都試著說：「我們就是光，跟隨我們。臣服我們，永遠不要懷疑我們。」這些人不在乎人類的自由和完整性，他們摧毀人類的所有自尊心，他們把人類貶成奴隸，心靈上的奴隸。

佛陀為世界帶來一個偉大的革命。他說：「成為你自己的光」——因為沒有別的光。你不臣服某人，因為每個臣服都是奴役，心靈上的臣服是最大的奴役，因為它是很難發現的。那個枷鎖是如此難以察覺以致於你永遠不會發現到它，它不是外在的囚禁，而是強加到你裡面存在的某個東西。無論你到哪兒、在做什麼，都會攜帶著這個監獄。

人們對佛陀很憤怒。奇怪的是人們習慣了這種奴役。任何想要讓他們自由的人都像是敵人一樣。

在法國大革命時，法國有一個大監獄，全國最大的監獄。用來收容終生監禁的人。所以他們進去時是活的，只有等到死了才會出來。

他們的一生都戴著手銬和腳鐐住在黑暗的牢房中。甚至那些牢房的鑰匙都立刻被扔進監獄裡的大井，因為門不會再開了：「這些人只有死了才會出獄。」。

革命家考慮到那個監獄。關了五千人，他們以為如果可以把裡面的人放出來，那些人會很感激和喜悅。但他們很驚訝。他們已經在裡面住了十年、十五年、二十年、三十年⋯有一個人在那兒住了六十年！他們非常習慣黑暗以致於雙眼無法忍受陽光，他們已經接受了自己的命運。

他們忘掉自己的妻兒父母。甚至忘掉自己的長相——六十年，沒有希望再看到。在這個完全喪失尊嚴的狀態下，某種程度下，他們是舒適的，因為不用擔心食物、衣物、工作。他們失去和人之間的聯繫；他們幾乎變得像是動物。

然後革命家強行打開牢門，把犯人拉出來。犯人說：「我們不想要自由——我們能在外在的世界做什麼？我們忘了語言。甚至不記得家人姓名，不知道地址，不知道他們住哪——他們還活著或死了。已經八十歲…有六十年待在監獄！你何必折磨我們？我要去哪得到麵包…食物、衣物和住處？我們原本過得很好…不用擔心。」但革命家不理會他們。記住一點：你不能強迫任何人自由！那是不可能的。但那就是革命家在做的。強行拿掉他們的手銬和腳鐐，把他們趕出監獄。到了晚上，有四分之三的犯人返回，想要回去監獄：他們沒地方睡覺，他們想要他們的手銬和腳鐐！

那是完全無法想像的。革命家問：「你們為什麼想要那些手銬和腳鐐？我們可以了解你們沒地方…你們可以留一晚，然後找個地方，但為什麼要手銬和腳鐐？」

他們說：「它們已經和我們在一起很久了，幾乎成為身體的一部份。我們睡覺時不能沒有它們——我們想念它們！我們會覺得好像赤裸的。」

這是奇怪的情況，但卻很有意義。

當佛陀說：「成為你自己的光」——他是在嘗試移除所有對人類的奴役，心靈上的和宗教上的。

人們很生氣，如此生氣以致於當佛陀涅槃後…當佛陀活著時，他們無法做任何事：因為他是國王的兒子，繼承人；他會成為國王。其次，因為他是皇室的血派，人們仍處於奴役的頭腦和心理狀態——彷彿血脈也有分皇室的和非皇室的。

沒錯，血液有不同類別，各種血型，但沒有血液是皇室的。你可以採一些血樣到醫院問他們哪個是皇室的。沒有任何科學方式可以辨識皇室的血脈。那都是胡扯，持續好幾世紀。血液就是血液。但他是「皇室的血脈，」而且他放棄繼承後變得更受尊敬。

人的內心其實是喜愛被折磨的。你必須了解其中的心理學：棄世只不過是一種折磨。他原本過著非常奢華舒適的生活，然後他放棄了。人們總是會尊敬那些選擇不過舒適生活的人，那些沒有被迫成為窮人和乞丐卻自願成為乞丐的人。當一個國王自願變成一個乞丐，他獲得了尊敬。

你不會尊敬一個放棄自己的小屋和貧窮的窮人。那就是為什麼沒有任何印度教神祇的化身來自於貧窮的家庭。你不會尊敬；你會問：「你放棄了什麼？你沒有東西可以放棄。」耆那教的二十四個渡津者沒有一個不是國王。佛陀也是個國王。這個國家的三個宗教都起源於皇室家庭。他們比當國王時得到更多的尊敬。

人們不喜歡「成為你自己的光。」沒人想要這個責任；每個人都想要把責任丟到別人肩上——救世主、先知、彌賽亞。那感覺很好——他拿走你的所有責任。現在你沒有什麼要做的，只要膜拜耶穌、羅摩、克理虛納…彷佛膜拜是治療你所有疾病的藥，彷佛那是萬能藥。

你已經膜拜了數千年，而你卻越來越痛苦。每天越來越黑暗、越來越多煩惱，而你想到你對於宗教的整個概念可能是錯的。那就是為什麼你在受苦。宗教應該要幫你變得更喜樂，但情況卻非如此。每個人都是虔誠的：印度教徒、回教徒、耆那教徒、佛教徒、基督教徒——

每個人都很虔誠。但為什麼這個世界卻如此令人痛苦以致於有無數人自殺？

沒有任何救世主可以有幫助；他們的承諾都證明是假的。那就是為什麼佛陀說——成為你自己的光。不要把責任丟到別人身上。負起責任，因為透過負責才能使你成熟。否則你會一直是智力遲鈍的、幼稚的。

從把神當成父親來膜拜的宗教就能看出來。你為什麼把神稱為「父親」？不同學校的心理醫師都同意這點，把神稱為父親的人只是在擺脫責任。他們想要保持是幼稚的；他們不想要成長。

成長的意思是責任。成長的意思是自由。

成長的意思是無論發生任何事在你身上，那都是你造成的。不是你的信仰、前世的惡行、業在反對你，也不是神在測試你的信任。這些都是虛假的藉口！事實是你沒試著改變你的生活、視野和意識。你沒有靠自己得到你生命的國土！唯一的痛苦是你不是你自己存在的師父。

那就是佛陀那句非常重要的話的含義：「成為你自己的光。」這是在他生命中最後一天講的話。他的一生都在這麼說，這也是他涅槃前說的話。那表示這是他的宗教精髓。

他對弟子說：「現在我要離開身體了。你們還有什麼問題？」四十二年來，他一直在回答問題，沒人會這麼沒人性，在他臨死前還發問。

他們說：「我們沒什麼要問的，你已經回答夠多了。事實上，是我們沒有聽從你對我們說的。」

在那一刻，阿難，最親近佛陀的弟子，也是他的堂兄，開始哭泣。他忍不住流淚。

佛陀說：「阿難，你在做什麼？」

阿難說：「不要阻止我。我不是因為你快死了而哭，我是為自己的一生而哭！即使和你生活了四十二年，我仍然和剛和你在一起一樣。我聽到你說的，但沒聽從你。我沒有依照你說的去轉變自己。現在你要離開了，我為自己哭泣，曾經有個人每天提醒我，我仍然像聾子、愚昧的。現在我不知道來世是否會遇到跟你一樣的人。而且如果和你在一起四十二年都不能使我警覺到為自己負責⋯⋯」

「內心深處我仍不斷覺得：『不用擔心，我是最親近佛陀的弟子；他會照料我。無論他說什麼，那是另一回事，但他的慈悲會照料我。』我在愚弄自己。現在命運已經決定了。我會跟著你死去。不只你要死了，我也要死了。也許我還會活幾年，但那些會像死亡一樣，無意義的，只要想到我和你度過的那些美麗時光，那會一再的使我想到你說過的話，而我沒有聽從。」

佛陀說：「阿難，這是我給你的遺言：成為你自己的光。不要灰心。不要因為我快死了而擔心你要如何擺脫你的苦難、擔心即使和我在一起，你仍然沒達成。我知道一些你無法了解的：也許我是你不斷痛苦的原因。我的死亡也許會使你震驚，直達你的內在。我的死亡也許是偽裝的祝福。你因為和我在一起而無法達成，現在你也許可以因為無法把責任丟給我而達成。」

你會驚訝就在佛陀死後二十四小時內，阿難成道了——因為佛陀的死是如此大的震撼。那粉碎他所有依賴某人的無意識慾望。現在佛陀已經不在了，沒辦法依賴別人了，他找不到另一個佛陀…現在他必須自己負責任。

奇蹟在二十四小時內發生了。他不吃不睡——第一個要做到的是成道，因為「誰知道明天會怎樣？如果我繼續活下去，我會繼續吃睡。所以我可以把每件事都延後，除了成道。那太危險了。我浪費了四十二年。現在我不能再浪費時間了。」

他繼續留在佛陀死時待的那棵樹下，閉著眼睛坐著，第一次為自己負責。那個責任帶來很大的轉變，因為你已經擁有需要的一切，意識只需要一個震撼以便你可以覺醒。

你非常愜意的活在奴役中，你的宗教——所有宗教都是——像鴉片一樣。它們幫你繼續熟睡，因為那對它們有利。所有宗教的教士都在剝削你，因為你沒成道，你不是有意識的。幾千年來，他們一直在吸你的血，原因就是你是熟睡的。他們一直給你使你繼續熟睡的想法和概念。

佛陀是個例外。但當他死後，印度對他採取了很大的報復。它從未有過這麼大的報復。那證明佛陀粉碎了教士的整個生意。它摧毀了教士在社會所創造的結構。他使每個人為自己負責。你不會知道印度怎麼報復他。遠比猶太人對耶穌處以十字架刑還危險。當然會是更難以發現的，因為猶太人不是很難了解的人，耶穌也不是很難了解的革命家。他們不會遇到佛陀，無法回應佛陀。佛陀說的話是如此真實以致於那些被摧毀的既得利益者都無法辯論。很多來找他辯論的人都變成他的弟子。

但當他死後，印度用了很醜陋的方式報復他。它摧毀佛陀留下的一切。

奇怪的是全亞洲都變成佛教徒，除了印度，那不是巧合。這個人在印度過了一生，而佛教卻從印度消失，彷佛沒存在過。甚至佛陀成道時的廟宇、菩提樹…有一個紀念他而興建在菩提樹旁的寺廟。印度人砍掉那棵樹；他們無法忍受它。

現在還存在的菩提樹不是佛陀成道時的那棵樹。但它來自那棵樹，因為阿育王讓他的女兒僧伽蜜多把一根菩提樹枝做為禮物送到斯里蘭卡。僧伽蜜多改變了斯里蘭卡的歷史——整個斯里蘭卡都變成了佛教徒。他們因為能聽到佛陀說的話而感到興奮——那根樹枝被種起來，變成了大樹。但原本那棵樹——這只是它的一部份——原本那棵樹被印度人摧毀了。他們甚至無法容忍那棵樹。

佛教被完全根除。印度人摧毀他們的經典，燒死比丘，驅逐剩下的人——那就是佛教如何散播到全亞洲的。逃走的人們必須定居在某處。無論他們到了哪兒，雖然他們不是佛陀，但他們仍擁有那個人的芬芳，他們和那個人生活過。無論他們在哪兒，都受到尊敬。他們改變了全亞洲。而且那個改變也是很重要的，因為這是全世界唯一不透過任何武力和暴力發生的改變。

不像一手拿著可蘭經和另一手拿著劍的回教徒。他們的邏輯是那把劍。不像基督教——一手拿著聖經，另一手拿著麵包和奶油。他們是更商業導向的。時代變了：劍沒有用。這個世界比較了解金融和經濟。

佛教是唯一不靠強迫或賄賂任何人而散播到全亞洲的宗教。它只是給出那個人的訊息。每個佛經都這樣開始：「我聽到佛陀說…」因為佛陀沒寫過任何東西。所以寫下經典的比丘都會這樣開始：「我聽說…」只是和佛陀在一起過就使他們攜帶著這個人的某些震動，轉變了全亞洲的文化。但在印度，佛教消失了。

像佛陀這麼有影響力的人，在印度下了四十二年的工夫，不可能對這個國家沒任何影響。即使在菩提迦耶的寺廟，他成道的地方，有一個婆羅門教士，因為還沒存在任何可以在佛寺裡擔任教士的佛教徒。所以好幾世紀來，一直是婆羅門家庭在負責那個寺廟。

印度教經典作了很棒的工作——比對耶穌處以十字架刑還殘忍。在其中一本印度教經典，濕婆往世書，有一個故事我想要你們記得…

故事是，神創造了世界，祂也創造了天堂和地獄。祂讓某人負責管理天堂，讓另一個人管理地獄。但好幾世紀來都沒人進入地獄。那個負責管理的人感到無聊，坐在辦公室，收銀機開著，但甚至沒人經過。最後，他很生氣的去找神：「祢為什麼不把地獄關閉，有什麼意義？我在浪費時間；沒有人進來過。每個人都去天堂，沒人下地獄。」

神承諾他：「不用擔心，我會做些事。我會以佛陀的身分誕生，我會把錯誤的事教給人們，這樣他們就會犯罪，不再善良。那時不要對我說地獄太擠了。」然後，地獄真的人滿為患。

你看出這個故事的醜陋之處嗎？所以印度人一方面接受佛陀是他們的其中一個神的化身、轉世，另一方面，他們從根部切斷他，說他教導的一切都是錯的，跟隨他的人會下地獄。一個很狡猾的頭腦——接受他是神的化身，但仍然想辦法不讓他影響人，不讓人們和他聯繫。但那是自然的，因為他帶來的革命太巨大了；需要一顆敞開的、寬大的心才能接受他的訊息。

你的問題是佛陀說：「成為你自己的光，」但當他在世時，仍有佛教徒來找他，雙手合十向他鞠躬說：「皈依佛，」我來到覺醒者的腳下；「皈依僧，」我來到覺醒者的社區下；「皈依法，」我來到覺醒者的最終真理下。你的問題是似乎這裡面有矛盾——並沒有。

給你全然自由的人——你不會感激他嗎？除了感激之外不會有別的了。這只是在表達你的感謝。當你說：「皈依佛，」記住；那不只適用於佛陀。你不是說：「我來到佛陀的腳下，」你是在說：「我來到覺醒者的腳下。」在佛陀之前有過很多覺醒者，在他之後也有很多個。未來還會有更多覺醒者。佛不是某個人的名字，那是個特質。佛陀的名字是悉達多。我們已經忘掉他的名字。

當悉達多——喬達摩是他的姓——當喬達摩悉達多成道後，悉達多，無意識的、未成道的部分死了。一個新的人帶著新身分誕生了，我們稱這個人為喬達摩佛。我們保留了喬達摩，拋棄了悉達多，只是為了提醒你這是悉達多的轉變。所以我們保留他的姓以便提醒你悉達多死了，然後佛陀誕生了。但這有個關聯：悉達多變成了種子，每個種子在發芽變成大樹前都得一死。它來自於種子，但只有當種子在土壤中死掉並消失，大樹才會出現。

為了提醒你這個關聯，我們保留了喬達摩，那是個姓——他的父親和祖先的姓。只是讓你知道這個人也屬於同一個家族的人，但他經歷了轉變。悉達多死了，現在我們發現了一個新的特質。

所以當某人說：「我來到覺醒者的腳下，」那表示他深深的感激這個覺醒的特質、這個覺醒者、所有過去和未來的覺醒者。

那就是為什麼佛陀從未反對——那和他無關。那是某個完全非個人的。他們在談論的覺醒不是他特有的、獨有的。

所以每當你想要感謝，就感謝那個特質，不是那個人。感謝他的轉變，但不要執著他有形的身體。

這沒有任何矛盾。只是在敘述事實。給你這麼多自由的人——你連一句簡單的謝謝都不說嗎？這有任何矛盾嗎？

奧修，我是恐懼的，非常恐懼。我內心常感到驚恐，對自己感覺很差。我也覺得和自然、存在不和諧一致。我需要了解恐懼和自然不和諧一致、缺乏自尊心是如何連結的？我要如何離開這個循環？

這不是大問題。你不用離開任何東西。你所有的恐懼只是制約。特別是如果你受到基督教信仰的父母或教士影響，你一定會沒有自尊心，因為基督教建立在你是帶罪而生的概念下。而且重要的是要了解他們說的罪是什麼意思。

聖經的故事中，上帝禁止亞當和夏娃吃伊甸園內兩棵樹上的水果。這兩棵樹是知識樹和永生樹。

現在任何有點智慧的人都能了解這個教士編造的故事的幾個論點。最明顯的地方就是上帝不可能這麼愚蠢。伊甸園是巨大的；有無數的樹。要亞當和夏娃不要吃任何來自那兩棵樹上的東西——因為一棵是知識樹，另一棵是永生樹——就心理學而言，這是愚蠢的。如果祂沒說這種話，我們就不會在這兒。我們會是在伊甸園，仍然在那數百萬棵樹中尋找著。

這是個簡單的心理學，如果你對某人說：「不要這麼做，」你試著避免的事是如此重要：知識、永生。如果亞當和夏娃聽從上帝，那才是笨蛋。上帝要他們繼續吃草，禁止他們碰那些重要的東西。

首先，父親不會禁止小孩變聰明。他會要他們變得更聰明。他會要他們得到永生。

一開始上帝就犯了反對自己小孩的罪。如果他們不聽從——我認為他們做的完全正確——是因為他們使人類擁有這麼多知識和科技。但他們在碰到第二棵樹前就被逮住了。他們無法吃第二棵樹上的東西。

故事說是惡魔說服夏娃吃知識樹和永生樹上的東西。他的理由似乎比所謂的上帝的命令更慈悲：「你被禁止是因為上帝會嫉妒某個人成為博學的，因為他將會幾乎等於上帝。上帝害怕你會變得跟祂一樣！祂害怕當你得到永生，那就無法對你做什麼了——你無法被懲罰或被殺死。你會完全是上帝！」

這個理由是完全正確的。上帝的命令是完全錯誤的。事實上，祂應該指著那兩棵樹說：「你們去吃它們，因為我要我的小孩跟我一樣。」

如果聖經裡的故事是真的，那對基督教上帝的膜拜應該停止，因為祂的行為像個善嫉之人。即使愛嫉妒的人也不會嫉妒自己的小孩。即使愛嫉妒的人也會要他的小孩長生不老。即使一個愛嫉妒的普通人也會要他的小孩比他還聰明。他也許會嫉妒別人，但不會嫉妒自己的小孩。

一個沒受教育的父親會努力試著要讓小孩上大學。但「上帝；天父」的行為是如此不慈愛、不像神。不需要任何惡魔說服，祂的命令就足以讓亞當和夏娃想挑戰：「這是你不能忘掉的兩棵樹。你越早吃它們越好。」

但他們只吃到一棵樹上的果實就被趕出伊甸園，因為他們有罪。根據基督教教義，不服從是個罪。雖然亞當和夏娃犯了不服從的罪，人類卻要為此永遠受苦，因為你來自於他們；每個人都是同一個血脈。

數千年過去了，但你仍然帶罪出生。基督教使每個人都是有罪的！當你有罪惡感，你就會失去自尊心。透過譴責自己來代替自尊心——有罪惡感。

這是宗教對人類所能造成的最大傷害：創造罪惡感。有罪惡感的人會過著不舒服的生活。他一直是恐懼的。

那就是你為什麼一直感到恐懼。有罪惡感的人恐懼的方式也一樣。如果你當過賊，你會一直害怕每個人——你可能會被抓。

我在大學念書時曾玩過一個遊戲⋯⋯

每當我坐火車旅行，當剪票員過來，我會假裝很緊張。那會使他直接來找我：「緊張表示你沒有車票。」

當我把票給他看，他會說：「奇怪，你為什麼看起來很緊張？」

我會說：「我只是在實驗。我想看你會怎麼反應。並不是某個人緊張⋯⋯不要立刻去找他。」

他會說：「這是我首次被證明是錯誤的；通常沒票的人才會緊張。」

如果你從小時候就被訓練攜帶著罪或自我譴責的概念，那一切都會被毒化。你無法愛任何人，因為你連自己都無法愛。無法愛自己的人會完全無法愛別人。

你是如此恐懼以致於無法信任任何人。你的恐懼不讓你去信任。誰知道，別人可能會利用你的信任欺騙你。但如果你不信任任何人，你就不會有任何朋友。在這個巨大的世界，過著沒愛人或朋友的生活，總是害怕自己的行為會下地獄，只因為亞當和夏娃做了某件你不該負責的事⋯⋯你沒有建議他們這麼做。你完全不知道他們是什麼時候的人，他們是否存在過，或者只是寓言。

你會開始變成這種偏執狂，而且會遇到很多問題，其中一個就是一旦你的頭腦形成某個概念，你會找到每個論點去證明它。世界是充滿論點的。一旦你有某個想法，你會找出所有的理由去支持它。

我聽說有個瘋子⋯⋯他認為自己死了。瘋子會有各種想法。他的家人很為難，不知對他怎麼辦，因為他不願意去市場。他會說：「我死了。你不懂嗎？死人不會去市場或商店。」

他們試了各種方式：「你沒死；你甚至沒生病！」但他說：「那就證明我死了，因為只有死人不會生病。如果你活著，你有時候會生病，但看看我——一年復一年，從未生病。那證明我說的。你不了解，但我死了。你有聽過任何死人生病嗎？」

他的家人感到困惑，不知如何對付他。最後，他們帶他去找心理醫師：「你可以幫助我們嗎？他有個奇怪的想法，以為自己死了。」

心理醫師說：「不用擔心，我治好了有不同想法的各種人。我會解決。」

醫師試著爭辯，但他發現那個人真的很難對付，因為他把每個論點轉變成證明他死了。最後，對那個人很生氣，醫師抓著他的手問：「告訴我，如果死人的身體被刀子刺到會流血嗎？」

他說：「我沒實驗過。我要如何實驗？我已經死了。當我活著時有聽過這種事，但那只是謠言。我沒有經驗。」心理醫師把他拉到全身鏡前，拿了刀子刺他的手，血流了出來。他說：「看，這是你的手。你可以看鏡子…血流出來了。你有看到嗎？」

他說：「太好了。這表示死人不會流血的概念是錯誤的。他們會流血。」

一旦你有某種想法，你會用各種理由支持它。

不需要離開，因為那表示你相信有某個東西包圍你，使你必須離開。並沒有！那只是制約。你不用離開，你只需要了解到你是不幸生在基督教家庭，在這個世界，沒有誰的出生會是幸運的。沒有選擇。我盡最大努力創造出選擇，讓某人可以自豪的說他來自於不會施加任何制約的父母。但現在沒這種事。每個人都是某個制約的一部份。

我會把我的經驗告訴你，那會比較容易了解。一直到十六歲之前，我從未在晚上吃東西，因為耆那教說不能在晚上吃東西。到了晚上，如果有任何東西沒吃完，就會拿給乞丐。不會有任何東西留在廚房。不會有吃東西的問題。你甚至不能說你肚子餓；那是個罪。到了晚上，如果你餓了，你應該感到羞恥。所以一直到十六歲以前，我從未在晚上吃過任何東西。

有一次我和班上一群學生在假日去戶外教學。那是個很美的城堡，每個人都對這次探險非常感興趣，因為那兒有很多他們從未看過的美麗景點。沒人急著要準備食物。我問了一兩次：「那食物呢？」

但他們說：「食物會在入夜後準備。現在沒人想…天還是亮的，我們想要再探險，進入每個門，地下室和一切。」

自然的，我獨自留下，而我不會烹煮，我從沒做過——我甚至不會泡茶！我很餓，但我等著。但真正的問題是入夜後我不能吃東西。十六年的制約，最好不要吃東西，保持挨餓——你不會一天沒吃就死了。一個健康的人要九十天不吃東西才會死掉——他必須禁食九十天。所以只有一天。我可以忍耐。但那個飢餓太強烈。整天在山上，山間的空氣——我感覺很餓。我幾乎在胃痛，要如何入睡？我知道我不會死，但我也睡不著。

然後我的朋友開始烹煮。那個味道——我從沒想過食物可以這麼香。那天我才知道要聞食物的味道，你必須是飢餓的。我總是吃太多，所以沒問題⋯而他們煮的是很普通的食物。然後他們都說服我：「我們不會告訴你的家人。」

我說：「不是家人的問題，而是下地獄的問題。你們不會跟我的家人講，我也不會跟我的家人講，但問題是我要如何避開地獄——因為我被告知：晚上吃東西會下地獄。」

他們和我爭論，但更有說服力的是他們的食物和香味。

他們說：「你沒看到有九十個人在吃東西嗎？你覺得我們會下地獄嗎？全世界的人都在晚上吃東西，除了印度的三百萬耆那教徒。世界上有五十億人——他們都會下地獄？」

我說：「你的論點是對的。」

他們說：「不管如何，如果我們要下地獄，你不想跟我們一起嗎？」

我說：「我想。」

最後我吃了食物。食物是美味的，但吃它有違我的制約——我立刻吐了。我無法讓它待在身體裡面。我以為我可以入睡，因為我吃了東西，但我整晚都在吐，直到食物吐光。我到了凌晨四點才睡著。

我自然會認為耆那教是對的。我去過地獄了——整晚都在吐。我已經被懲罰了。

當我告訴家人，他們說：「你可以自己看到，不需要和你爭辯。你受了苦，我們叫你不要在晚上吃東西。」

但那九十個學生都沒吐或發生任何事。他們睡得很好——疲累的，吃得很飽。我是唯一受苦的。和食物無關，而是制約。

所以你不需要離開恐懼、自我譴責和罪惡感。你需要了解的是這些別人灌輸給你的思想。它們不屬於你，它們被強加於你。一旦你了解，你會得到很大的自由。它們會離去，因為它們只是思想。並不存在需要你越過的真實磚牆。如果你試著離開，那表示你仍然相信那道牆的存在。

我聽說有一個心理醫師在治療一個病人，一個教授…他有個念頭，奇怪的生物，小生物，在他身上爬來爬去，他用很多方式把牠們弄掉。他無法上課，因為這些生物大部分時候會…沒人看得見那些生物。

校長對他說：「沒人看到那些生物。」

他說：「那是牠們其中一個奇特的地方，牠們是隱形的。但我可以看見牠們。」

他被帶去看心理醫師。心理醫師試著說服他：「沒有任何生物；你是健康的，我沒看到任何東西。」

他不信，他持續把牠們弄掉。他進行每周兩次的療程，這樣過了三個月。他說：「你的療程沒用，那些生物越來越多。牠們不斷生出更多生物。我全身…從早到晚。我睡不著，我無法吃東西，因為牠們爬滿我的食物。」

在這三個月內，心理醫師和這個人成了朋友。那個人也是心理學教授，因為這個身分，心理醫師沒拿他任何錢。

有一天他試著要說服那個人，於是他把椅子拉近…那個人繼續弄掉那些生物。某件事突然發生了…

心理醫師說：「停下來，你把那些奇怪的生物扔到我這兒了，我連你的錢都沒拿！你不能那麼做。我昨晚看到那些生物。和你在一起三個月摧毀了我的頭腦。我知道牠們不存在，但誰知道？我現在也開始看到牠們。所以你坐遠一點，小心的弄掉牠們。你不該把牠們扔到我這──否則不會再有任何療程！昨晚我妻子很生氣，因為我開始弄掉牠們。她說：你停止這個心理醫師的工作，因為和那些瘋子在一起，你遲早會相信他們。你三個月來一直在說服某人──沒用。這個人非常確信那些生物的存在。他的深信不疑、他表現出來的真實…你開始以為也許他是對的，誰知道？」

你不需要越過這道牆，因為它不存在。只要了解是你的家人、氛圍、環境、教士給你的制約。他們使你不尊敬自己，譴責自己。他們剝奪你愛別人的能力。但一個對自己充滿譴責的人將無法愛上任何人。他無法原諒自己。他怎麼做得到？他知道自己是個罪人——別人也是罪人。他知道他是偽君子，他試著隱藏他內在的一切。那是每個人都在做的。

你不會有朋友，你害怕有什麼事會發生在你身上。你的生命在流逝。這些制約會越來越強大，因為你每天都在合理化它們。每當犯任何錯，你會立刻說：「這就是我。」

人會犯錯。那沒什麼；犯錯不是罪。只要不重複犯錯——那是愚蠢。你犯了一次錯，然後學到那是個錯。透過這個方式，每個錯都變成墊腳石，使你越來越聰明。

但透過你的思想體系，每個錯都變成罪惡。事實上，制約是如此強大以致於如果你可以做對某件事，你就不會做它，你怎麼可能做對？你是一個大罪人，非常譴責自己，你無法對抗自己的制約並做對某件事。你會做錯事，然後感到滿足，因為你的制約被滿足了。但那個制約是有毒的。

所以只要去了解——那不是你造成的，是你的父母、社會或教士造成的。你為什麼要因為他們而受苦？你應該透過立即的洞見解除他們造成的——不是緩慢的，不是明天——因為在當下和你的制約斷絕關係是可能的。當你離開這個大廳，你可以自己離開，留下你的制約。不用擔心某人會陷入你的制約。不會有人陷入你的制約。

制約不是實物，它只是持續槌擊你的頭腦的思想。任何思想都能成真，你只需要用各種方式強加，它會成真——但你會活在幻象中。

希特勒在他的自傳中說：「如果你持續說一個謊，斷然的、權威的，遲早它會成真。」

他證實了。他對人們說德國的痛苦、第一次世界大戰的失敗、經濟蕭條都是因為猶太人。這是荒謬的。兩者並無關聯。幾乎像某人說：「你的痛苦和貧窮是腳踏車造成的。」猶太人與此無關。事實上，猶太人是很有生產力、有智慧的民族。他們是德國最富有的人。他們有財富和智慧——他們是德國的驕傲。

你會驚訝，雖然和其他人相比，猶太人是很小的民族，但他們拿了四成的諾貝爾獎。難以置信。整個世紀都被猶太思想支配：馬克思、佛洛伊德、愛因斯坦都是猶太人。這三人造就了這個世紀；他們的影響是巨大的。

剛開始人們在嘲笑，就如同你嘲笑腳踏車⋯⋯但希特勒不在乎他們的嘲笑。他持續談論——而且他不像我用心對心的方式對你們說話。他會敲桌子、大喊、做各種動作——他是半瘋的！但他影響了人們，因為如果有人如此權威的說話，他一定知道某些東西。他和他的跟隨者持續說是因為猶太人，因為斯堪的納維亞人、德國人是世界上最純種的亞利安人，猶太人汙染了它：「這些猶太人應該被摧毀。一旦我們摧毀了猶太人，德國會復甦，統治全世界。」

漸漸的，人們開始相信他。只是需要時間。而你相信的只不過是講了好幾千年的謊言。

你怎麼知道誰是婆羅門、首陀羅、吠舍或剎帝利？首陀羅不能升級，婆羅門是最高種姓⋯⋯你為什麼這麼認為？我看過很蠢的婆羅門，也看過很聰明的首陀羅。

阿姆倍伽爾醫師是一個首陀羅，而他擬了印度憲法。他們找不到聰明且了解全世界憲法的婆羅門。他是最適合的人，但他是首陀羅。

那是意外，某人發現這男孩很聰明，幫助他去英國留學。現在這時侯，首陀羅不可能念書或上大學。當阿姆倍伽爾返國，就法律領域而言，他幾乎聞名世界。他是非常專業的。

他不是甘地的跟隨者；他反對甘地。掌權者都是甘地的跟隨者。他們都是高等種姓。尼赫魯是婆羅門。他們仍選擇阿姆倍伽爾，一個首陀羅，一個反對甘地的人，來撰寫憲法。

所以這只是個持續五千年的想法，認為社會被分成四個種姓。透過出生的家庭來決定，不是行為！但全印度都接受，即使是偉大的哲學家阿迪商羯羅，建立桑雅士階級的人。他也是最有影響力的印度人。

有一次他在瓦拉納西洗澡，當他上岸時，一個首陀羅碰了他。

他問：「你是什麼種姓？」

他說：「請原諒我，我是個首陀羅。」

然後商羯羅，教導寧靜、愛和慈悲的人，立刻忘掉所有的哲學和吠陀——教導神就在每個人裡面的人。他完全忘掉。他很憤怒並對那個首陀羅說：「你會墮落到第七層地獄。你打擾了我。你不知道我是誰嗎？注意永遠不要打擾任何婆羅門。現在我得再洗一次了。」

首陀羅說：「等一下，在你沐浴前。我想知道：首陀羅是指我的身體還是我的靈魂？」

商羯羅從未想過一個首陀羅會提出這種哲學問題。但既然他問了，就得回答。商羯羅陷入兩難——他遇過所有偉大的師父和導師，贏得全印度數千場辯論，但他被一個站在瓦拉納西的恆河岸邊的首陀羅打敗了。沒人這麼問過，但對於如何回答，他想了一會兒。

身體——每個人的身體都是由同樣的元素組成的。婆羅門的身體有什麼特別的？這個首陀羅問了一個很重要的問題。首陀羅和婆羅門的身體有什麼不同？所以首陀羅一定是指靈魂……

「告訴我，是誰碰了你，我的靈魂或身體？如果靈魂是首陀羅，那麼你說的梵、那個絕對的、位於每個人裡面的——全世界的動物、樹木和石頭裡面的。你可以接受它在石頭裡面，但不能接受它在活人裡面。是誰碰了你？」

「如果我內在有一部分是梵、神、神性，那就不用再沐浴。如果你認為我的身體是不能觸碰的，那請證明你的身體有什麼特別的。」

這是商羯羅首次不得不承認他的憤怒是錯的。

首陀羅說：「那請去做別的事，你不用再沐浴了。」

沒有人是比較低等的或高等的，但數千年來……摩奴是整個災難的原因。他主張有四個種姓，人們還在跟隨著。而且首陀羅也相信，不是只有婆羅門相信。

我試過說服來找我的首陀羅：「你可以坐在椅子上。」

他們會說：「不行。」

他們會坐在門外的階梯上：「我們是首陀羅，我們不能進去。」

即使他們也接受了。如果婆羅門接受這個，那是可以理解的，因為他是較高等的。但首陀羅可以得到什麼？

他們在某處為一個聖人萊達斯慶生，他是一個鞋匠；賤民。我剛好在那兒，於是我說：「我也會來。」

但他們說：「不，你怎麼可以來？只有首陀羅可以在這兒。」

但我堅持。讓我住宿的家庭說：「那會為我們帶來麻煩。如果你要去，我們也得去。你是我們的客人，我們不能讓你獨自前往。我們不想去，因為如果有人看到我們和首陀羅在一起，我們的一生會被毀掉！」

我說：「你們不用來。我會自己去。」

但你會驚訝，首陀羅不讓我進去。他們說：「我們是首陀羅，不能犯這個罪，使你墮落到我們這個階級。不，神不會原諒我們。」

我說：「這真奇怪。」

他們如此相信。那是謊言，因為全世界都沒有種姓制度，除了印度之外。所以那不是自然的。

林肯是賤民的兒子，一個鞋匠的兒子，他成了美國總統——其中一個最偉大的總統。當他在國會首次演講，有個人站起來——一個富人——「不要忘了你父親為我們家族製鞋。」

林肯的答案值得記住。他說：「我永遠不會忘掉，我很感激你提醒我，因為我要透過國會告訴全國，我的父親是一個很棒的鞋匠，我當一個總統無法做到這麼棒。我想問你是否對我父親做的鞋子有任何抱怨？我可以幫你們修理，因為我從我的父親那兒學到製鞋的技巧。」

林肯沒感到冒犯。相反的，那個人使自己看起來很蠢。林肯很自豪自己的父親是一個完美的鞋匠：「當他還活著，沒人可以和他相比。無論他做什麼都會做到最好。他常問我們：「你們有看到哪兒有問題嗎？」我們找不到任何問題。我害怕我當一個總統無法做到那麼好。我父親會一直是勝過我的，我不覺得我可以勝過他。」

全世界都沒有種姓制度，所以那只是個制約。你只需要了解你被誤導了，在那個了解中，它會開始消逝。

你不用離開它們，它們會消失，你會感到偌大的自由。你的恐懼會變成愛，你對自己的缺乏自尊心會變成對自己和別人的無限的愛。

奧修，我愛你、尊敬你⋯自從遇到你，我存在的目的已經改變了，變寬廣了。你使我接受自己，看到自己的內在美。自從遇到你，我開始勇於去愛、歡笑和跳舞。你使我能看見生命的美和詩意。我感覺變得更年輕，幾乎像孩子一樣，對到處充滿的美感到驚奇——一個年輕的異教徒，愉悅的徘徊不去，飲用和享受其中的汁液。這是不道德的嗎？

不，這是非常道德的。這是唯一存在的道德觀——成為一個異教徒，榨出生命中每個片刻的汁液；成為一個孩子，天真的追逐蝴蝶、在海邊撿貝殼或彩色的石頭……看著圍繞著你的存在的美，允許你自己去愛和被愛。

愛是宗教的起點，也是宗教的終點。

一個宗教人士一直是年輕的。即使臨死前也是年輕的。即使在死亡中也是充滿喜悅的、跳著舞的、唱著歌的。

我教你成為異教徒，擁有小孩的天真。知道存在的驚奇和神秘——不是分析它，而是享受它，不是把它變成一個理論，而是用它編出一支舞。

整個存在都在舞動著，除了人之外。他們已經變成一個大墓地。

我呼喚你，讓你離開你的墳墓。

不，它不是不道德的。所有宗教都會說這是不道德的，但那些宗教都錯了。任何說這是不道德的人都是在反對人性、存在、喜悅和引領你達成神性的一切。

而我是完全支持它的。

第二十章
反應永遠不會帶來自由

奧修，最近這幾年，越來越多印度的僧侶對大眾進行他們的工作。是否可以請你談談？

這很複雜，但有兩個方式可以幫助你了解。一個是——重要的——東方因為西方的侵略受了很大的苦，創造了奴役。而東方沒準備對抗。好幾世紀來，它一直在思考非暴力，以致於它已經被制約成不去對抗。最好成為奴隸而不是殺人魔。

是東方的靈性使西方國家得以統治東方三百年。他們不該認為那是他們的力量所致。他們都是小國家。他們的力量是微小的。東方的國家是巨大的。他們有成為強權的潛力，但因為靈性的背景和暴力、戰爭是相違的。

但每件事都會產生反應。

雖然東方成為西方物質主義和強權的奴隸，西方仍無法殺死東方的精神和神祕主義。他們甚至開始探詢東方的神秘。用西方的語言翻譯最重要的神秘學文獻。輪子開始轉動了。然後東方的靈性導師開始去西方，因為現在西方在理智上已經熟悉東方的靈性，他們很清楚他們的靈性是遠遠落後的。

當東方的導師抵達西方國家，他們完全證明了——西方的宗教是非常原始粗糙的，東方有更優秀的部分可以提供。

我要說的是，東方失去自由是因為靈性。現在它因為同樣的靈性在世界各地成就了新的帝國；現在每個國家的求道者都來到東方。這是很好的，因為靈性沒有創造出任何奴役，然而又創造了一個有影響力的帝國，那就是正在發生的——而且它會發生的越來越頻繁。

西方會為它對東方的錯誤作為付出代價——醜陋的、野蠻的。它征服對戰鬥沒興趣的人們。他們成功的原因不是征服者的力量，而是他們征服的人們拋棄了征服、謀殺和對抗的想法。但自然會傾向去平衡⋯⋯

西方必須從東方那兒學習，以非常不同的了解接受東方——師父。靈性無法創造奴役，但它可以證明內在的優越。所以越來越多的東方導師——印度教、蘇菲、禪，將註定會征服世界。他們有這個權利⋯⋯不用殺害任何人。而且應該歡迎它，因為它將會改變西方的暴力心態。

所以被壓抑三百年的靈性現在正展現自己，因為西方所有物質主義者的帝國都消失了。現在東方的國家擁有自由，他們擁有數千年的研究、戒律和經驗。和東方相比，西方是非常幼稚的。所以將要去西方工作的導師可能不知道原因，但我很清楚為了平衡，它必須發生。

其次，西方享受了物質帶來的一切，現在它已經感到厭煩。他們創造了兩次世界大戰，他們將會把全世界帶進將會摧毀所有生命的第三次世界大戰。他們非常需要一個內在的轉變。

東方可以滿足他們的條件、改變他們的態度、讓他們經驗到物質以外的。一旦你經驗到物質以外的，你會是完全不同的人。

基督教會阻止東方來的人們，因為如果這些人持續來到，基督教將無法掌控太久。基督教裡面沒有任何可以和奧義書或佛陀的教導相比的。基督教是一個無價值的宗教。它沒有創造出任何像禪、蘇菲或哈希德派的，因為它從不接受任何叛逆的精神。它已經從源頭砍掉叛逆的精神。

宗教只會透過叛逆的人達到最高點，不是透過平庸的人、普通人、聽從的人、滿足於相信他們會被拯救的人，而是那些付出努力去拯救自己的人。但基督教不允許。

它是最過時的宗教，所以有很大的恐懼。沒有任何東西可以給予，而且它越抗拒神秘的教導傳到西方，它就會遇到更多麻煩，因為年輕人對基督教不再感興趣。它沒有任何值得感興趣的。它是個病態的宗教。當耶穌被處以十字架刑後，它就不再成長了。

東方的宗教一直在成長，因為正統的人也許不會接受或喜歡叛逆的人，但他們不會因此被殺。當他們開花了，即使正統的人也得接受他們是錯誤的。

是因為這樣的特質使得禪、蘇菲和哈希德派達到了最高峰。這些是佛教、回教和猶太教中最叛逆的人。

印度教沒有未來，就如同基督教。兩者都和實相失去了聯繫，都依賴空洞的文字。你無法欺騙人們太久。而其他情況會有幫助。

例如，西藏被中國占領了，所以全部最優秀的喇嘛只得離開西藏。現在他們散播在全世界……而西藏擁有可以創造出新人類的其中一個最好的戒律。

哈西德派不被正統的猶太人接受，但它會被新一代接受。我的人有百分之四十是猶太人，原因就是哈西德派。聽我說話，和我在一起，他們首次了解到哈西德派是他們宗教的精華，我說的話是完全屬於哈西德派的。

在這個猶太人占極少比例的巨大世界，我的人有百分之四十是猶太人並不是巧合。

禪者對我很感興趣以致於有很多日本的禪師——他們有大禪院，用我的書教導禪。

當我坐牢時，我收到無數的電報、電話和信件。很多禪師表達抗議，但沒有一個印度教導師抗議。很多蘇菲徒表達抗議。在印度，阿傑梅爾是蘇菲的主要所在地，因為其中一個偉大的蘇菲師父——尼桑木丁契斯堤的墓就在那兒。他是如此著名以致於契斯堤變成一個學校的名字，一個蘇菲徒的學校。阿傑梅爾的尼桑木丁清真寺教長發了電報給我——他從未看過我。他引用了一句蘇菲的諺語。

我不知道 baaj 翻成英文是哪個字——你們去找出來。Baaj 是其中一個最強大的字——世界上飛得最高的人——這是諺語的意思。那是古代的諺語。他只是引用這句話——整個電報只有這樣。他寫信給我：「被逮捕、囚禁、鎖住的不是烏鴉，而是飛得最高的 baaj，很難抓住他，然而如果他被抓了，他就會被囚禁和鎖住。所以那是個祝福，他們已經認出 baaj 就在你裡面。」

哈西德派的拉比寫信給我：「我們和你在一起。」但我沒收到任何基督教或印度教導師的信，我可以了解原因。他們無法和我有關聯；他們是死掉的、腐朽的。

所以越來越多的西藏喇嘛、日本禪師、哈西德派的師父在那兒工作並受到新一代的尊敬。那真的是角色整個反過來。

東方在天空飛翔，如同一個靈性的帝國凌駕全世界——那是好消息。不會傷害到任何人，而是拿走人們的枷鎖和制約，使他們享受自由——時候到了。

西方執著唯物主義的價值，那個價值是遠低於你們的。他們可以殺人，但無法給你一個新生命。他們可以摧毀，但無法創造。

所以全世界湧起一個巨大創造力的浪潮。那來自於東方，很快東西方的差異將會消失。

奧修，新時代運動在歐洲越來越浩大。我們見證到這和你對於量子跳躍的預言是平行的。你對新時代運動的看法是什麼？

它是好的，但還不夠好。好的原因是因為任何取代老舊腐朽的東西都是好的，但我也說它還不夠好，因為它只是個反應。

要臻於完美，它必須不是個反應，而是個了解，但它少了那部分。

在反應中，你只是移動到另一個極端，每個極端都是危險的。它可能會讓你感到幾天的自由，但所有極端都證明是監獄。而且處於每個極端就無法再成長，因為你無法再往前走。

成長一直處於中間。

所有極端都處於同一平面：過去失去了它的價值：一個空虛的狀態。當然頭腦的傾向會創造出相對於過去的價值觀——因為它失敗了——並取代它們。你一定會用新的價值觀取代舊的價值觀，但你忘記他們是極端主義者，你也是。所以改變會是表面上的。內心深處，你仍處於同樣的狀態。

當然新人類是必須的，但新人類不會因為反應而產生。而是對老舊的了解——它的失敗和失敗的原因。不可能略過，那會是極端主義者，往一個方向走得太遠，完全否定其他方向。例如，它可能是靈性主義者——完全的否定唯物主義。它可能是非俗世的——完全否定這個世界。

活在反應中的人會是對立的，接受這個世界並否定另一個世界，接受唯物主義，否定靈性。它只是把事情反過來。那不會有幫助。只是放鬆幾天…然後你又陷入同一個舊遊戲中。

我的了解是新人類必須是更多同理心的，更不活在反應中的。反應不需要了解；它是憤怒、挫折、報復。但這樣你就無法創造新人類。

新人類必須是有同理心的、靜心的、寧靜的、安定的、處於中心的。他必須處於中間，也就是唯物主義和靈性主義的會合點，這個世界和另一個世界的會合點，所有對立的會合點。他必須是包容一切的，他巨大到可以包容所有矛盾，創造出一個和諧的狀態。

新時代運動是好的，表示人們對過去感到失望，但那還不夠。

它可能會摧毀過去，但不會創造出新的未來，無論你做了什麼，任何出於反應的，都會是過去的延續。如果過去是正論，你現在會是反論，但仍和它相關，依賴它的。你的整個興趣在於摧毀過去，切斷自己和它的關聯，但那不夠——那只是在浪費能量。

你的能量應該是創造性的——屬於新人類的。如果新人類想要創造，就得透過靜心，因為那是唯一得到更清晰的意識、悟性和敏感度的方式。那是所有對立的綜合——所以不會有任何反應的問題。應該是自發性的，而不是因為某個東西。反應永遠不會帶來自由。

你可以看到克里須納穆提的一生——一個擁有無窮潛力的人，一生都活在反應中。他的老師和師父教給他的一切，在他的內心中似乎有個傷口。這是以前從未發生的奇怪情況。人們都是靠自己成道，但這卻是強迫的成道。他不被允許碰觸到一般人、和一般人在一起。而且他一直被訓練、持戒，以便可以成為一個世界導師。可以了解——二十五年連續不斷的戒律和折磨，任何人都會活在反應中——他也是。

他開始否定所有被強加於他的：戒律、師徒關係、點化、師父和神聖經典的需要……所有強加於他的都被否定，拒絕和憤怒的反應。六十年來，他一直在做同樣的事。

神智學者沒有創造出世界導師。他們所有的努力只創造出一個反世界導師，但這不是平衡的。他過於關注他的過去，他沒有擺脫它。只有拋棄反應才能擺脫它。人們以為他是革命性的，因為他們無法分辨改變和反應的區別。

反應不是新意識的誕生，它只是報復。他仍在對抗。那二十五年是一個很深的傷口——並未在六十年內癒合。他也不讓它癒合，因為現在那成了他的一生。

如果他不活在反應中，而是不嚴肅的、不憤怒的，只是離開神智學運動並說：「原諒我，我不能這麼做，」如果他忘掉他們，以自己的洞見來行動，他將會是擁有驚人理解力的世界導師。他對人們會有很大的幫助。他已經工作了六十年，但沒人得到幫助。

新時代運動也一樣——他們只是活在反應中。我要他們停止：忘掉老舊的，把所有能量投入到新人類的產生，因為沒有新人類就不會有新時代。

奧修，歐洲的藝術家、詩人、作家和藝人流動著一股創造性的、瘋狂的和智慧的巨大潛力。他們的生活是豐富的、熱情的，他們完全臣服自己的專業。靜心對他們而言是一種奇怪的現象。大部份的人甚至不想聽到它。請評論。

任何不了解靜心的人不會是偉大的詩人。他要從哪兒得到靈感？他不知道自己的源頭。他可以作詩——那會是文字上的、語言上的。也許滿足了所有作詩的條件，但裡面不會有任何詩意。外表是詩，實際上仍是散文。

另一方面，靜心者也許不會寫詩，但他的散文會是充滿詩意的。無論他說了什麼，裡面都是詩意的。

沒聽過靜心的人不會是偉大的畫家。靜心是所有偉大創造力的基礎。無論他們做了什麼——繪畫、作曲、作詩——仍會是平凡的。

危險的是，沒有靜心，他們會發瘋。所以瘋狂是潛在的危險。有創造力是一種奇怪的狀況。如果你透過頭腦創造東西：頭腦的疆土是非常有限的，它不是有創造力的。它是個記憶系統，但因為它也有想像的能力，所以你可以透過想像的能力產生詩、繪畫、樂曲。這會是危險的，因為你頭腦的潛力是非常有限的。你會耗盡它。

那就是為何這些人看起來很瘋狂，有點古怪。他們似乎有哪個地方出錯——他們不是健康的。問題是他們已經使用了用來維持頭腦健康的能量。現在頭腦裡有一個空間是空的。所以你會覺得他們的頭部有些不受控制。

創造性的能量必須來自靜心，因為靜心沒有別的目的。靜心是巨大的，它的資源是無窮的。你可以透過詩、樂曲、雕刻無限制的分享，新鮮的水會一直流入。

頭腦的額度是有限的。它不是有創造力的，它只是一部電腦。電腦也可以創造：如果你把詩的資料輸入，它們會產生詩，但不會是任何新穎的。那是頭腦的貧乏。它只是一部生物電腦。

所以無論這些人做了什麼，他們的詩一定是偷來的。也許不是取自一個地方，而是很多地方，以致於你無法了解他們從哪兒得到這些想法。他們的畫會是偷來的。我想到畢卡索：

他有一幅畫用很高的價錢賣出——一百萬元。有個評論家建議買家：「你確認這是真的？因為有很多人臨摹，很難知道哪個是真的。畢卡索也在場；你可以去問他。」

那個人說：「這是真的，因為當他在畫畫時，我也在場。我們是朋友。那一定是真的。我不用問任何人。我親眼看到他在畫它。」

但評論家仍感到懷疑。他們去找畢卡索——都是他的朋友。畢卡索的女友也在場，他們問：「你怎麼說？這是真的嗎？」

畢卡索看著畫說：「不是真的。」

那個人說：「這太過分了。我看到你在畫它。」

畢卡索的女友說：「他是對的——這是你畫的！現在你是在傷害這個人。他花了一百萬元，這時候不該開玩笑。」

但畢卡索說：「這不是真的。因為我以前就畫過了。這只是複製品。我當時沒想法，所以就重複畫很受歡迎的舊構想。我自己畫的。所以你們都是對的，你們看到我在畫它。但我是從不同的觀點來看。是誰畫的並不重要——是畢卡索本人或別人——都仍是複製品，不是真的。那構想不是真實的：我當時沒有任何想法。當我在畫它時，我沒有任何喜悅。我只是為了展覽而畫，沒有任何來自我的原創，我只是畫過去畫過的畫。」

「如果你不相信，我可以告訴你原畫在哪個畫廊，你可以拿這幅畫去比較。這幅畫可能甚至是更美的，因為我進步了不少。我在原畫完成時還是外行的。所以這幅也許看起來更美，因為我現在是專家了。但我不能說謊。它是複製品。」

他們去了那個畫廊，原畫就在那兒。它確實是不專業的，後來的畫是更棒的。但畢卡索說：「那是原創。那不是我畫的。當原畫進行時，我不在場——那個想法完全佔據了我。當我畫後來的畫時，我只是個專業的畫家。那是頭腦完成的，我沒有被任何東西佔據。請原諒我，但我不能說謊。你可以告訴人們，那是畢卡索的畫，但不要說它是真的。」

這個人做了很大的區分。頭腦可以重複，但無法創造。透過重複，它是在耗盡有限的源頭，那會使人發瘋。最後，人一定會瘋掉。

我了解西方發生的一切。很多人在畫畫、作曲、跳舞、作詩、寫作…但似乎沒人會成為大師。他們都遲早會以發瘋告終。

他們不在乎靜心——他們甚至沒聽過這個字。即使聽過，他們也不想嘗試。他們不知道什麼是靜心——那是你最大的能量來源。頭腦是一個小裝置——你可以進入靜心後用任何方式使用頭腦。任何表達都需要使用頭腦，但能量必須來自靜心。你不會看起來是發瘋的。你看起來會更寧靜、安定、沉默和沉穩。任何你表達的一切，裡面都會包含某些來自彼岸的。

頭腦是表面上的；它可以創造表面上的東西。頭腦沒有處於寧靜的狀態，所以它創造的一切都會產生緊張、憂慮和瘋狂。

靜心可以改變你整個特質。不是只有現代有這情況；將近一百年來，畫家、詩人和其他創造者都漸漸和靜心失去連結。看著他們的畫，你可以看出裡面的瘋狂。事實上，畫越瘋狂，人就被認為越偉大。畫是如此瘋狂以致於你不知道哪邊是上面，哪邊是下面。有人向畢卡索買了畫……

那個人想要兩幅畫，但畢卡索只有一幅。他進去房間把畫剪成兩半！畢卡索的女友說：「你在做什麼？你摧毀了一幅偉大的畫。」

他說：「不用擔心。我創造了兩幅畫——你會了解。」

他把它們當成兩幅畫賣出。他自己不知道那是什麼東西，別人也不知道。

你不能把一幅畫分成兩半，因為它是一體的。但如果是瘋狂——只是把顏料扔到畫布上，沒有創造一個有機的統一體——那你可以把它剪成兩份或四份……那它就變成四幅畫……沒人會問：「這是什麼意思？」意義早就沒了。

那個人因為得到兩幅畫而很快樂。他付了兩幅畫的錢。

音樂和舞蹈已經淪落到很低俗……幾乎可以說是噁心醜陋的狀態。它們都染上了性的色彩。你們所有的音樂和舞蹈都只是性挑逗。你享受它們是因為它們是性挑逗的。

那是一種難以察覺的自慰。這是藝術首次淪落到如此低俗。

去看古代的禪畫、禪詩或蘇菲的故事，你會被提升到更高的層次，你不會往下掉。它們觸碰到你裡面更高的中心。

即使像佛陀這樣的人，沒有畫過畫、作過曲或作過詩，沒有過任何和創造力有關的行為：沒有創造過藝術：但他的行為舉止、說話或沉默的方式，那本身就是一幅畫、一首詩、一個雕塑。

在印度的廟宇中，你會看到佛像，在耆那教的廟宇中，你會看到馬哈維亞和其他二十三個先知的雕像。你無法區分那二十四個渡津者和佛陀的差異，除了一個地方。佛陀的頭髮盤起來像個皇冠，而渡津者則沒有頭髮。否則你看不出不同，他們的姿勢是一樣的：

那二十四個渡津者——連耆那教徒也無法分別，所以他們得為每個渡津者發明符號。在馬哈維亞的雕像下面有一排符號，和其他雕像的符號。所以如果你問：「這是誰？」他們會看了符號後才告訴你。否則沒有任何不同。

我曾去拜訪一個耆那教的大廟：

教士是一個很博學的人。我問他：「你能想像跨越一段很長時間的二十四個人都長的一樣嗎？」

他說：「我從未有過這個疑問，沒人問過。當然不可能二十四個人長得一樣：眼睛、臉、鼻子、身體：」

我說：「你應該去了解原因。」

隔天當我要離開時，他說：「我整晚睡不著。我找不到原因；經典沒有提到。你的問題是重要的，不能不理會。」

我說：「你不用擔心，因為我知道答案。這些雕像不是代表個人的身分，而是靜心的特質、寧靜、美、處於中心。還好雕刻師從不在意身體上的不同——他們在意的是心靈上的相似性。這些雕像不是屬於身體的，二十四個人的身體不可能一樣。他們考慮的是心靈上的特質。」

靜靜的坐在耆那教的廟宇裡看著馬哈維亞或其他先知的雕像，這樣的經驗是很特別的——只是看著它。你會驚訝，你會開始感受到某種特質——偌大的寧靜和美。雕像處於中心的狀態創造了一種同步性——你開始感覺處於中心、鎮定、安靜。

耆那教的廟宇是印度最棒的。沒有任何印度教或佛教的廟宇可以比得上耆那教的畫家、雕刻師、建築師所帶來的感受。印度教沒有偉大的廟宇。佛教一定曾經有過，但他們的廟宇和雕像都被摧毀了。事實上，他們是世界上第一個創造佛像的人。

至少在東方，在佛陀的雕像被創造出來前，沒人看過這樣的雕像。那就是為什麼在阿拉伯、波斯、烏都，用來代表想像或雕像的字是budt，和佛這個字只有些微不同。它們是唯一的雕像。在這些語言中，廟宇被稱為budtkhana。那表示佛所在的地方，佛的住所。「佛」這個字和雕像變成同義的。

在中國、日本和其他國家有巨大的廟宇，但耆那教的廟宇有一種獨一無二的特質。我可以理解——耆那教徒是印度最富有的人。他們可以花數十億元去蓋廟。印度教徒是貧窮的；

他們做不到。佛教徒則很久沒住在印度了——在佛陀死後只待了五百年。而且他們有三百年不是在膜拜佛像，而是菩提樹的雕刻。

三百年來，佛教的廟宇裡面只有大理石雕刻的菩提樹。沒人坐在下面。那是非常象徵性的、有意義的。甚至沒有佛陀。那個意義是非常明確的——坐在樹下，佛陀消失了，變成了一股宇宙的力量。現在要如何表達那股宇宙的力量？所以三百年來，他們沒有做任何事。

但漸漸的，他們發現三百年後，人們忘了佛陀。只有樹在那兒。沒人記得某個人曾經坐在樹下，變得如此空以致於無法雕刻出來。

那時，亞歷山大大帝入侵了印度。他的臉和身體是美麗的——就外形而言，所有佛教的雕像都和亞歷山大大帝很像。他們沒有佛陀的圖片或畫像，不知道他的長相。但看到亞歷山大，他們認為佛陀的模樣一定勝過這個人。和他長得很像。

所以沒有任何佛像跟佛陀很像。我們不知道他的長相：那些雕像是亞歷山大大帝的模樣。他有一種希臘人的美——非常俊俏的人，非常好的身材。他們完全改變了雕像。他們採用了亞歷山大大帝的外形。他不是靜心者，他不是寧靜的人，他不是慈悲的。他是一個最殘酷的人。他是好殺的。他充滿了慾望以致於想要征服全世界。

完全和佛陀相反，佛陀是無慾的、寧靜的、最有教養的人。所以他們採用了外型，但把所有特質都⋯⋯

坐在佛像面前，你會發現同樣的狀態發生在你身上，我把這稱為客觀藝術。而不是你瘋狂的頭腦和想法。

創造這些雕像的人一定是靜心者，否則不可能把那些特質注入到大理石中。把石頭變成寧靜、講道：那真的是一個偉大的、難以置信的現象。

西方的藝術世界發生的一切是瘋狂的。它會一直是瘋狂的，而且會越來越瘋狂，愈來越低俗，除非這些人進入靜心。那有助他們的個體性，轉變他們的藝術特質。

沒有靜心，他們只是在浪費膠卷。他們會繼續他們一直在做的，他們會做各種蠢事。他們會製作拚貼畫：新聞剪報，然後結合它們：他們會用各種方式表達他們的瘋狂。

我在美國的監獄看到，我待過的那五個監獄，幾乎每個牢房，他們都從雜誌剪下擺弄著醜陋姿勢的裸女照片——對於純淨的頭腦、對一個知道寧靜與平和的人而言，那不會是性感的。那看起來會是反常的。但整個牢房牆上都貼滿了那種照片。

在第一個監獄，我有一個室友。他有那些照片。他說：「請原諒我，但在監獄能做什麼？所以我用這些照片⋯⋯」

我說：「沒問題。如果你喜歡，那很好。我不會在這兒太久——也許一兩天。不要因為我而困擾。」

到了早上，我看到他跪在地上，頭靠在床上的聖經向神祈禱。我碰了他的肩膀說：「這是愚蠢的。」

他說：「你不反對那些裸女，卻反對我向神祈禱⋯⋯？」

我說：「這是矛盾的。你看不出來嗎？你至少應該停止其中一個。我認為那些照片比較重要。你把它們貼在牆上一整天，而這個你在早上做了五分鐘……這不太重要。」

他說：「你一定瘋了。」

我說：「如果我沒瘋，我怎麼會在這兒？但你說哪個比較重要？這五分鐘……？我一直在觀察你。雖然你把頭放在聖經上，但你在看著那些照片。你卻說我瘋狂！」

他說：「沒錯。我這麼做只是因為童年時被告知他是救世主。我已經在這待了五年，我還得再待五年。所以我告訴他：『你是慈悲的，一定知道我的家人在受苦，所以讓我離開這個災難。』十年是漫長的。我已經撐過五年，但我不認為我可以撐過十年。」

我說：「那沒問題。但當你這麼說時，為什麼要看著那些照片？如果你繼續這麼做，耶穌不會聽到你說什麼，因為你並不對耶穌或他的聖經有興趣。你只是在利用他，但你真正關心的是牆上的東西。」

他至少有十五張剪下來的雜誌照片貼在那兒。後來我發現幾乎每個牢房都有同樣的照片。

這些西方人，如果他們不想發瘋，他們就得去靜心。他們比一般人擁有更多潛力，但奇怪的是藝術家是很自我主義的。他們也許會跟隨任何藝術，但他們是很自我主義的，就是那個自我在妨礙他們，造成他們的瘋狂。

所以無論他們是否想聽……如果他們不想聽到「靜心」這個字，那他們可以使用別的字——

觀照、覺知、警覺、意識——都一樣。

也許「靜心」讓他們想到宗教，因而反對它——他們把小孩丟到浴池裡。用別的字：意識、覺知、警覺：那和宗教沒太大關係。使用一些不會讓他們產生敵意的字：無物、涅槃…也許他們會感興趣——「什麼是涅槃、無物？」然後你可以對他們解釋靜心的意義。

使用任何名字，但必須把靜心導入他們的生活去拯救他們，透過拯救他們可以拯救很多被他們的藝術腐化的人。

第二十一章
某個比頭腦深入的

奧修，回教貢獻了可蘭經，基督教貢獻了聖經，你貢獻的是什麼？

他們貢獻給你是因為想收買你。那是在侮辱你的人性。

想要改變任何人的信仰的努力是在侵入他們的心靈領土。那是透過某些教條和邏輯奴役你，但基本上，它不是靈性上的努力，而是政治的，和數量相關的政治。

我不是政客，我不對改變任何人有興趣。我沒有任何東西可以用來改變你的宗教信仰。我無法給你任何你已經有的。

所以我的方法是完全不同的。我拿走你沒有的，但你以為你有的——自我、慾望、嫉妒、憤怒、殘忍——所有使你無法找到你真正寶藏的。

我想要拿走這些影子，不真實的，別人強加於你的。你是犧牲者。我要給你的是你自己的存在，你已經有的，但你忘掉的。所有我可以做的就是幫你記起來。

我想到一個很著名的寓言：

在日本，有一個全國都知道的賊，他是一個大師，因為他從未被抓住。而且他從未沒先警告就去偷竊。即使是皇帝、偉大的戰士、武士——他會通知他們：「今晚要注意！我會來。」

但他仍未被抓。後來被這個大師選到的人開始感到自傲。那是極大的榮耀，因為大師不會去偷一般人的東西。

大師日益衰老。他兒子問：「你的一生證明了你是其中一個最著名的人。每個人都知道你是大師，沒人可以當場抓到你。現在你老了，有一天你會死。你不把你的技巧教給我嗎？」

老人說：「如果那是個技巧，不用你問，我就會教給你了。那不是技藝、技巧或學問——那是個訣竅。如果你願意，我準備給你機會。也許你可以掌握到那個訣竅。」

年輕人是熱忱的，他說：「我完全準備好了。」但他不知道會發生什麼……

當晚，父親說：「跟我來。」

老人幾乎快八十歲。年輕人不到三十歲——健康強壯。但因為恐懼和緊張——那不是寒冷的夜晚——他在發抖。但他很驚訝，他的父親非常自然閒逸的走在他前面，就像某人去晨間散步。他們要去的是國王的宮殿，那是最危險的地方。

去偷竊然後逃走……年輕人已經失去希望。老人在宮殿牆上挖了洞，但他非常小心、覺知，以致於沒有任何噪音。他拿走每塊磚……年輕人站在他旁邊，無法相信居然在半夜對某個人的房子做這種事。而且父親做的方式彷彿是他自己的房子。

洞挖好了，父親進去了，要年輕人跟著他。現在他很後悔要求學習這個訣竅——這太危險了！「我無法想像要如何安全回家。這個人選擇國王的宮殿來教我。他是危險的人，不愛自己的兒子。他可以從一個小地方開始——某個窮人的屋子。」

整個宮殿布滿了侍衛，但老人繼續工作。他有很多鑰匙，他想辦法進入了宮殿最裡面的房間，他對年輕人說：「進櫃子裡面，因為我知道國王有放很多珍貴的珠寶、鑽石、綠寶石和其他寶石。所以你能拿多少就拿多少，我會在外面等。」

他進了櫃子。但無法相信——他沒看到老人說的珠寶。但老人關上櫃子的門並鎖上。然後大喊：「小偷，有小偷！」他從挖好的洞逃走，留下年輕人在櫃子裡面。

你可以想像發生在年輕人身上的。他想要殺了他父親！但他不期望可以再見到他。他會坐一輩子的牢。他自認倒楣提出這樣的要求⋯但現在已經無能為力。

整個宮殿的人都醒了。僕人四處奔跑，他們發現牆上的洞。確實有小偷進來。他們發現所有門都打開了。

有個女僕順著打開的門一直走到最裡面的房間——沒有人。年輕人在櫃子裡面，但他可以看到光線接近；女僕手上拿著蠟燭。他可以聽到她的腳步聲，他突然製造搔抓聲，彷彿櫃子裡面有老鼠一樣。他對於自己做的一切感到驚訝。女僕以為裡面有老鼠，打開了門鎖。當她打開門，年輕人吹熄了蠟燭，把她推開，奮力奔跑，跳到洞外。一群侍衛、附近的住戶、其他僕人⋯都拿著火炬追著他。

他是個冠軍，全國賽跑比賽的冠軍。但他很驚訝，他從沒跑這麼快過，即使在角逐冠軍時。他跑了至少四倍快。那是生死的問題，不是贏得獎杯的問題。

但他怕被抓到。他能去哪兒？如果他回家會被抓。但他看到一個井和一顆石頭。他拿了石頭，把它扔到井裡，然後跑掉。這一切的發生都沒有事先想過，還有他在櫃子裡製造的聲音……因為頭腦只能做某件已經知道的事。現在這完全是新的情況——頭腦無法運作。

在新的情況中，頭腦會停止運作，因為它沒有答案。可以問它舊的問題，它是個偉大的學者。

他也沒跑這麼快過。不是頭腦做到的；而是某個比頭腦深入的、巨大的、重要的——那是他根本的能量。當他把石頭丟進井裡，他並不了解他在做什麼、為什麼這麼做。這一切就只是發生了——那不是頭腦作的結論。

由於井裡的聲音使得侍衛都聚在那兒，以為他跳進井裡。即使他們有火炬，也無法看到井裡面。井是深的，必須等到早上。他們以為現在沒事了。這個人死了或者他能熬過今晚，到了早上，他們就能抓住他：「只要在井邊守著」——然後其他人都回去了。

年輕人回到家。他無法相信他父親在睡覺，打呼著。他看著父親，心想：「要對這老傢伙說什麼？他很憤怒，但他也很驚訝父親把唯一的兒子留在這麼危險的情況下。而且他並不緊張，他已經睡著了。」

他搖醒父親，掀開毯子……父親沒睜開眼睛就說：「你回來了。很好，我的孩子。去睡吧。

我知道你想要講出整個過程，但不需要，你回來了。我已經了解整件事了。你確實知道如何成為一個厲害的小偷。那和頭腦無關，而是某個比頭腦深入的。現在去睡吧。明早我們可以再詳細討論整件事。」

他甚至沒興趣知道。他沒睜開眼睛。

那只是使你記住自己的訣竅。如果那是個技藝，那會很容易——一個技巧，很簡單。但因為那是訣竅，那是最困難的、神秘的現象。

師父創造了他希望發生的。如果沒發生，他會創造另一個方法。真正的師父只不過是一個非常有創造力的藝術家。

總有一天，會有某個方法成功，你的頭腦突然停止了。你突然意識到你不是頭腦。只需要一個片刻的經驗——你找到鑰匙了。

然後你就可以一再的去到同樣的空間。慢慢的，那個空間會變成你的存在，你的呼吸。我沒有聖經或可蘭經可以給你，因為我不相信有任何經典是神聖的。所有經典都是人寫的。神聖的經典只是剝削和欺騙。沒有一本是神寫的。它們甚至不是一流的作品。

我沒有任何神聖的經典可以給你。我的手是空的。我手上沒有劍，因為恐懼無法使你自我達成。恐懼會把你貶成奴隸。恐懼無法幫助你記住自己的存在。

我手上也沒有麵包和奶油，因為我不要地球上有任何貧窮。透過麵包、藥品、孤兒院、學校和醫院增加信徒的宗教——表面上似乎是在做偉大的服務。

那不是服務，原因有兩個：第一，他們的目的在於增加信徒。他們用這種廉價的方式收買你以致於你甚至不會察覺你站在奴隸市場上——你在被拍賣。第二，那不是服務，有其他動機。你創造越多基督教徒，你就在另一個世界累積更多的功德。你讓越多人成為回教徒，你就越有機會上天堂。

所以在他們那一方面是貪婪。而且那是政治，因為當信徒增加，他們就開始對政府和國家施加壓力。

教皇現在就在這兒。他對於在新德里的第一天演講感到很失望。據說他評論這是他世界之旅中最糟的一天。現在，一個重視心靈層面的人不該會失望，因為只有二萬人聽他演講。甚至聽到一半就離開了。過去，他一直在天主教國家境內旅行，所以有數百萬人來聽講，事實上，這二萬人並不是來聽他演講，他們的來到只是因為好奇。

但他為什麼失望？你失望是因為你有某個欲望；否則，是否有人來不會有什麼差異。

在那個演講中，他用非常難以察覺的、外交的、間接的方式反對印度的種姓制度，所有人類都該被平等對待。他不是不知道，不然就是在說謊，因為變成天主教徒的首陀羅，他們不被允許和其他基督教徒一起膜拜——他們被隔開來。他們被送到不同的小教堂去個別膜拜。現在這個人還敢譴責印度教。

首陀羅改信基督教的原因是他們承諾會平等的對待他們。但並沒有——他們甚至不能和其他基督教徒同時在教堂膜拜。

所以他們是基督教的首陀羅；沒有任何改變。從任何方面來看都沒有收穫。那是個損失，因為當他們是印度教的首陀羅時，印度憲法有給他們特別的待遇。有一定額度的工作會留給他們。無論他們是否熟練，那些工作是給他們的，在大學或學院會有特別給他們的獎學金。無論他們是否有資格，那不是問題。他們已經受了好幾世紀的苦，現在必須做些補償。透過變成基督教徒，他們失去所有特權，因為他們不再是印度教徒。而且就身為首陀羅而言，他們仍是首陀羅。所以他們被嚴重的欺騙了。

教皇沒有勇氣直接對印度教徒說：「你們的種姓制度是不人道的。」他沒提到印度教。批評必須是直接清楚的、誠實的。他為什麼害怕直接批評？因為他會在印度境內巡迴演講，到時候每個人都會譴責和抗議，因為種姓制度是印度教的基石。它是醜陋的，不該存在，但評論者是如此膽小。

而你希望這些人可以給你靈性的經驗？他們自己都沒經驗過。他們的靈性就是他們的特權和官僚。他不是因為成道而變成教皇，而是因為他是最資深的主教。他們無法給你任何東西。當然，他們可以強迫你或收買你。

對我而言，我沒有要改變你的信仰，我只有要和你分享的經驗，也許你可以得到其中的訣竅。有時候只是聽我講話，一陣寧靜來到你身上，在那個寧靜中，你也許會發現你不只是經過你裡面的思想，而是個覺知。

當你警覺到你的覺知，你就找到鑰匙了。然後由你決定，你想要用多少就用多少。每當你有時間和地方，不要浪費在蠢事上——打牌、看足球賽、看摔角⋯停止這些無意義的事，那不會幫助你成長。

利用所有時間和能量，只是靜靜的坐著，享受當你只是個觀察者時所降臨的寧靜。它會持續加深，最終會把你帶到你最深處的核心中。體驗你存在的中心也就是體驗整個宇宙的中心。

我們的不同只是表面上的。

處於中心時，我們是一體的，和遙遠的星辰是一體的，和最小的草葉是一體的。存在中沒有任何不平等的。

知道了這個、經驗到這個，你就不會變成回教徒、基督教徒或印度教徒。你只是變成有宗教性的——不需要任何形容詞。我反對所有形容詞；只是成為有宗教性的就夠了。不存在印度教的化學、回教的數學、佛教的地理學⋯那會是胡扯。

不會有印度教的愛、回教的愛、基督教的愛⋯愛就只是愛，它不需要任何形容詞。靈性或宗教性也不需要。我要你們就只是有宗教性的。

奧修，我很驚訝我為什麼會認同自己是這個身體和自我。如果我的本體是在宇宙意識中，是什麼使我無法透過其他的存在看？

有一個老商人快死了⋯那時是傍晚，太陽下山了，越來越暗。老人突然睜開雙眼，詢問坐在他左邊握著他的手的妻子：「大兒子在哪兒？」

妻子很驚訝。這是他第一次這麼關心大兒子。他從不在意小孩——他沒時間。

妻子說：「別擔心。他坐在你右邊。」

他說：「那二兒子呢？」

她說：「他也坐在你右邊，大兒子旁邊。」

那時，這個垂死的人，突然恢復精神。他已經好幾個月沒坐起來了，他又病又累。但他想辦法坐起來問：「最小的兒子在哪？」

妻子說：「別擔心。他們都在這兒——他坐在你的腳旁。」

他說：「你還要我不擔心⋯！如果他們都在這兒，那誰在看店？」

然後老人倒下，因為心臟衰竭而死。

你覺得這個人來世會如何？

存在的法則是你臨死前最在意的慾望會變成你來世的種子。

用這個方式了解會比較容易——你甚至可以實驗⋯當你要睡著前，觀察你睡著前最後一個思想。當你醒來，記住第一個思想是什麼。你會驚訝——它們會是同樣的思想。

跟著你入睡的思想會跟著你醒來。死亡也一樣，因為死亡是更漫長的生命，更深沉的睡眠，但法則是一樣的。臨死前徘徊在你腦中的最後思想會是你在來世醒來的第一個思想。這會創造出你出生所需要的通行證和你出生的類型。

發問者說如果意識是一體的，那為什麼他無法透過別人的雙眼看？

意識是一體的，但對你而言，這只是個法則，不是經驗。如果你在考試，法則是好的，但對經驗而言，它們是沒有用的。如果擁有宇宙意識是你的經驗，那你也能透過別人的雙眼看。事實上，那時就不再有別人了。

拉瑪克理虛納的生平發生過一件事。那不是故事，而是真實事件：

拉瑪克理虛納死於喉癌。癌細胞變得很巨大以致於塞住整個喉嚨。他無法吃喝。對他的弟子而言，那真的是傷痛的一幕。

他們說服味味克阿南達，拉瑪克理虛納最親近的弟子，去問拉瑪克理虛納：「你為什麼不對神請求？如果你請求，那個癌症就會消失了。」

拉瑪克理虛納試過很多次。他會閉上眼睛，喜悅和狂喜的淚水會流下，當他張開眼睛，他會說：「那是如此美麗。」

但他們會問：「你有請求嗎？你為什麼進入靜心？」

他說：「這很難。當我進入靜心，我就忘了身體和癌症。我甚至忘掉神。那是如此狂喜和喜樂。」

然後他們去找拉瑪克理虛納的妻子，莎達，問她：「只有妳可以說服他。我們都失敗了。」

莎達一生都沒要求過任何東西。拉瑪克理虛納告訴她很多次：「妳從未有任何要求，妳是個奇怪的妻子。每個妻子都會有要求，不斷的要求；她們的慾望是永不滿足的。」

莎達說：「遇到你，我就得到了一切，但如果你堅持，那答應我，只要一次，如果我要求，你必須做到。」他答應了。

因此所有弟子說：「就是這時候。妳還在等什麼？他快死了，他有個必須實現的承諾。所以妳去要求他。」

她要求了。拉瑪克理虛納閉上眼睛。這次沒有淚水和狂喜。他只是鎮定的、安靜的，然後他睜開雙眼說：「莎達，妳必須原諒我，我無法滿足妳的要求。因為我要求最終的實相拿走這個癌症，我的人因為我無法吃喝而受苦，我得到的答案是：拉瑪克理虛納，別這麼幼稚。現在是你透過別人的喉嚨吃喝的時候了！」

「所以妳得原諒我，但我得到答案了。現在這兒的所有喉嚨都是我的，不要擔心我。現在我不再是個體。很快這個身體就會消失。但即使這個身體消失，我早已和宇宙合一。妳的喉嚨和眼睛是我的，我的要求是愚蠢的。但因為我給了承諾，我必須要求。」

拉瑪克理虛納在三、四天後死了。但死前他對每個人說：「記住，當你在吃東西，不要吃任何我不喜歡吃的，不要喝任何我禁止你們喝的，因為現在我會透過你們的喉嚨吃喝。」

他透過死亡，轉變了無數偷偷抽菸喝酒的弟子。現在不可能了。現在你無法隱瞞，因為拉瑪克理虛納在你裡面。

你的問題是很重要的，但那只是理論上的。你問為什麼你不能透過別人的雙眼看。因為你仍然被自己的自我和慾望包圍著。你活在一個小牢籠，你自己打造的。你必須離開它。你必須讓自己散播到整個存在中，然後也許你的問題就會被回答。我無法回答，因為那會是理論上的。

當拉瑪克理虛納活著時……發生了另一件事，那可以讓你了解……

有一次他們正要從恆河的一邊到對岸去，船上有三十個弟子。到了河中間，拉瑪克理虛納突然大叫：「你為什麼打我？別打我，那會痛。」

弟子說：「你在說什麼？現在在恆河中間，周圍都是你的弟子，誰會打你？」

但他流下淚水，讓他們看他的背。他們把披巾取下看他的背。有抓痕和滲血，彷彿某人用棍子狠狠打了他。他們無法相信。當他們到了對岸，他們遇到了一群人。一個首陀羅觸碰到一個婆羅門，那個婆羅門打了他一頓。

最令人驚訝的是，當他們脫下首陀羅的衣服，發現到他的背和拉瑪克理虛納的背一樣；血以同樣的方式滲出。

他們問拉瑪克理虛納：「怎麼回事？這個人被打了，但為什麼你的背會有他的傷痕？」

拉瑪克理虛納說：「他是首陀羅，但他的程度遠高於那個婆羅門。他常來找我，我發現我和他有很深的親暱感。」

英語有三個字：同情、反感、移情。「同情」的意思是與你同感，處於你的悲傷中，感受到你的悲傷；「反感」的意思是在你悲傷時感到快樂；「移情」的意思是，不只是感覺跟某個人一樣，而是真的過著對方過的方式。

如果他受傷了，在移情中，你會有同樣的傷口；如果他死了，你也會死，因為你和他的連結是如此深。

拉瑪克理虛納說：「這給你們上了一課。你們是我的弟子，但如果你們任何人被打了，不會有這種情況發生。這個人只有當每個人離開後才來，這樣就沒人會看到首陀羅來過。慢慢的，形成了這麼深的同步性以致於當他被打，我也被打了。」

在拉瑪克理虛納死去的那天，那個首陀羅也死了。

這是個史實，有數千個見證人。沒有很久，一百年前……

透過某個人的眼睛看是可能的，透過某個人的心活著是可能的，但要做到這樣，你必須拿掉所有自我的障礙。你必須深入的靜心，變成如同宇宙的。

奧修，這個問題來自於住在附近旅館的一個女士……

她在哪兒？她離開了；她離開講道了。

略過這個問題。那是我的感覺——她離開了。所以這個問題無法回答。

奧修，觀察者，或者意識，是否會評斷看到的一切？或者那仍是自我在評斷自我？頭腦在譴責自己？

意識不會是評斷的。意識只是一面鏡子。鏡子會反映，但它不會評斷。一個美女或醜女站在它前面。它會沒有任何區別的反映出兩者。它不評斷。它的功能是準確的、真實的反映，無論誰在它面前——罪人、聖人⋯

意識只是反映——那就是為什麼很難評斷以意識、覺知來行動的人。

在佛陀的時代，有一個很憤怒和暴力的人，出於某些原因，他變得很好殺以致於他發誓要砍下一千個人的頭。為了記得他砍了多少個頭，他會從每個人身上切下一根手指。他用那些手指做成一串指鬘——只是為了記得數量。他沒念過什麼書。一千是一個大數目。會需要好幾年才能殺死一千個人。

他在城外徘徊，殺了很多人，已經九百九十九個人。他的名字是央掘摩羅，戴著以手指串成的指鬘。

他造成如此大的恐懼以致於路上都沒人來往了——沒人會去走他出沒的道路。連有軍隊保護的國王也害怕經過那條路。一個人威脅到整個帝國。

他住在憍薩羅國。佛陀正要從憍薩羅國到另一個國家，發現一條美麗的道路，沒有人車來往，他選了這條路。

他的弟子說：「你在做什麼？你沒聽過央掘摩羅嗎？連他自己的母親，曾經會去看他的人，現在也怕去見他，因為他只需要再一根手指就能完成他的指鬘了。而且他是如此殘忍的人，甚至不會猶豫就砍下母親的頭。所以他母親不再去看他了。你在做什麼？」

佛陀說：「如果你沒說，我可能還會改變路線，現在不可能了。那個人在受苦，因為他還需要一根手指，因為他需要砍掉一顆頭。我有一顆頭和十根手指，如果沒人走這條路，這個可憐的人要如何滿足他的目的？我會去。如果我不去，就不會有人去了。」

他們無法理解他的邏輯，不懂他說的話──自己去送死？

但當佛陀這麼說，他們只得遵從。佛陀的弟子總是在比較誰比較親近佛陀，但今天完全不是這樣！現在是比較誰比較遠離佛陀！所以這次佛陀和他的弟子有一大段距離，以前從沒有過。

央掘摩羅正在磨銳他的劍。他把劍放在岩石上用石頭磨銳它，因為已經很多天沒人經過，而今天他看到遠方有一些人來了。於是他要做好準備。他很高興，今天他的慾望就完成了。但當佛陀接近，他看到這個人──他看到他的美、寧靜、愛和慈悲。即使已經殺了九百九十九個人的他也在猶豫：「這個人不該殺。世界需要更多這樣的人。我是個罪人、殺人犯，但我沒有墮落到會去殺掉這麼純淨的人。」

於是他對佛陀大喊：「聽著，不要再靠近了！回去。這是我第一次讓人活著回去。也許你不知道我是誰，我是央掘摩羅，看看我的指鬘。我已經殺了九百九十九個人。如果你再走近一吋，我就不會在乎你是誰。我可以看出你不是一般人。我殺過國王，但我從沒見過這樣的美和光芒；我從沒看過這麼具有穿透力的雙眼。你是獨一無二的。請聽我的話返回。不要逼我殺你。」

佛陀說：「央掘摩羅，你錯了。我已經三十年沒有任何移動了。當我的頭腦停止運作的那天起，所有的移動都停止了。是慾望使人們繼續移動。我沒有任何慾望，所以我要如何有任何移動？我沒有移動，央掘摩羅，移動的是你。你的頭腦有很多思想、慾望，你不斷的移動著，即使睡覺時也是。所以是你要停止移動！我不會停止，因為我三十年前就停止移動了。」

央掘摩羅說：「你不只是純淨的、美麗的、獨特的存在，你還是發瘋的！你在走近我——而我站著，你卻說我在移動而你沒移動。」

「但這不是笑話，」佛陀說：「你必須清楚的了解。」

央掘摩羅大叫：「你看到這把劍因為日光而閃耀著嗎？它很快就會砍掉你的頭。相信我！」

佛陀說：「我無能為力。一個人無法停止兩次。你必須原諒我。一切都停止了，時間停止了，頭腦停止了⋯⋯一切因為我而停止了。三十年來沒有任何移動。」

但他持續接近央掘摩羅。最後，佛陀站在他面前說：「如果你想，你可以砍掉我的頭；

事實上，我是為了你來。聽到你為了一顆頭等了好幾年，那太過分了；應該要有人慈悲點。這個頭和身體對我沒用。我可以不用這個身體而活下去。你可以把我的頭和手指拿去⋯任何你想要的⋯但在你這麼做之前，是否可以滿足一個臨死之人的願望？」

央掘摩羅說：「好，我從不聽從任何人，但你是一個非常勇敢的人。你甚至令我害怕。無論你的願望是什麼，我會做到。」

佛陀說：「那就砍掉我們上方的樹枝。」

央掘摩羅立刻用劍砍掉樹枝說：「奇怪，你真的是個怪人！這是什麼願望？」

佛陀說：「那只是願望的一半。另一半是：把它接回去。」

央掘摩羅說：「我的天，我遇到一個瘋子！我要如何接回去？」

佛陀說：「如果你無法接回去，那你憑什麼砍掉它？其次，你以為砍掉它會讓你是個偉大的戰士？任何小孩都能做到。如果你有任何智慧和勇氣，就接回去。那才會證明你的勇氣──不是透過砍掉。」

央掘摩羅說：「這不可能做到。」

佛陀說：「那就把九百九十九個人做成的指鬘扔掉──把劍扔掉。這些不適合真正勇敢的人；這些適合隱藏自己儒弱的儒夫。我會使你成為一個真正勇敢的人。」

央掘摩羅說：「這我可以相信。你是我見過最勇敢的人。」

他丟了劍和指鬘，跪在佛陀面前說：「請點化我。我知道你就是佛陀。我聽過你，我相信除了你，沒人會站在我面前。」

佛陀點化了央掘摩羅。

這就是我說的依意識行為的人——他沒有分別心。他不會說：「你是大罪人。你單手就殺了這麼多人，沒人可以比得上你…現在你想變聖人？」

不，佛陀點化了他。

他的弟子無法相信他會這麼做。他拒絕了偉大的學者，但卻沒拒絕罪人。

天色晚了，於是他們回到波斯匿王的王城。波斯匿王知道了一切。他很害怕央掘摩羅以致於他沒有走過那條路。他很擔心央掘摩羅離皇宮這麼近，那個人是瘋子。

隔天波斯匿王去看佛陀。他很尊敬他。常聽他講道。這是他第一次帶著劍前往——你不會帶著劍去聽成道者講道。波斯匿王說：「原諒我。我必須帶這把劍，因為我聽說你點化了央掘摩羅」——他緊張得滿身大汗。

佛陀說：「是的。但不需要帶劍來。央掘摩羅現在是個桑雅士，一個比丘。你不用怕他。」

但波斯匿王說：「那很好。他在哪兒？我想看看他。那個人是我這輩子的夢魘。」

央掘摩羅就坐在佛陀旁邊。佛陀說：「在這——他就是央掘摩羅。」

聽到央掘摩羅的名字和看到他，波斯匿王立刻拔劍。他的名字如此令人害怕。

佛陀笑了。央掘摩羅也笑了；他說：「把劍收起來。如果你是個戰士，你應該在我還是央掘摩羅時來找我。現在我是個桑雅士。把劍收起來！」他說話的方式，使得波斯匿王不得不收起來。央掘摩羅畢竟是央掘摩羅。即使國王也得遵從。

佛陀說：「央掘摩羅，你得改變你的語氣。你必須改變你的方式，因為你現在是個桑雅士。你現在會去乞討，任何事都可能發生，因為全城都很怕你。當你去乞討，也許沒有門會打開：因為恐懼：但不要感到冒犯，那些可憐的人無法看到改變。也許他們會報復，但你現在必須證明你是桑雅士。」

央掘摩羅去乞討了。佛陀遠遠的跟在後面看會發生什麼。這就是發生的情況——沒人開門；沒人給他任何東西吃。人們開始丟石頭，站在陽台、屋頂上丟——他們仍很害怕，不敢接近。但他們把石頭堆在屋頂上、陽台上。同時扔向他。最後，央掘摩羅倒在地上，他們繼續丟石頭。他全身都是血。

當佛陀到了那，他倒在血泊和石頭中。佛陀把他從石堆中拉出來——那是他最後一刻。佛陀說：「央掘摩羅，你證明了你是個桑雅士。你證明了罪人在一個片刻中就可以成為桑雅士。你活著時像個罪人，但你死時像個聖人。」

央掘摩羅觸碰了佛陀的腳後死了。

佛陀被問了無數次：「你為什麼點化一個罪人？」

佛陀一再的回答：「在我的意識中沒有分別。社會也許會說某個人是罪人或某個人是聖人——那是他們的分別。但我的意識只反映面具後的真理。我可以看到這個人的無窮潛力——被誤導了。他只需要稍微轉個彎，只要一個慈悲的、充滿愛的幫助。他證明自己是一個勝過我其他桑雅士的聖人。他是我最資淺的桑雅士——甚至不到一天。昨晚才點化的。他只跟我待了一個晚上。」

意識是非評斷的。所以每當你開始評斷，記住，那是頭腦。那是你的制約，它不是很成熟的。

（大廳後面傳來女人打斷講道的聲音）

那是同一個女人，我之前對你們說，當她問一個關於自己的真正問題，我就會回答她。她今天提問了——也許是因為想要得到答案的慾望。

我選了她的問題要回答，但在那之前，我必須談到教皇，然後她就立刻離開了……

（那個女人再次打斷講道。）

然後又回來了。

（當那個女人走到前面，大家都在笑。）

我一直在等妳。把她的問題給她。

（她開始念她的問題。）

奧修，當你之前提到我，你說我很接近真正的問題。聽到你談到我使我很興奮。這個興奮使我了解到當我問到你表面上的侮辱性談話，我是因為恐懼而問。我怕你討厭——如

果你不喜歡波蘭人，也許你也不喜歡我。所以我了解到我想問的是：你愛我嗎？但無論回答是或否會有什麼關係？真正的問題是我愛自己嗎？答案是不。我真正的恐懼是我永遠不會從這個我得到養分和愛的深井中找到這份愛。我只是在泥濘中打滾。

我聽你說我必須獨自走這條路——我很怕。在這條存在之河中旅行，不斷被大岩石撞擊，不敢再往前旅行。我有時覺得這個恐懼是我自己創造的，但它是如此強大以致於我無法繼續呼吸。我不想放棄。你是否可以給我任何幫助？

坐下來……

（每個人再次大笑。）

我可以看出妳問題的誠懇。我也可以理解當我批評某些人會使妳感到冒犯。妳以為如果我不尊敬那些所謂的偉人，我對妳也不會是慈愛的。那是妳對我的誤解。

我沒有侮辱或批評過一般人。我確實批評過偽君子、沒有顯示實際面貌的人、戴著優越感面具的人。必須有人摘下他們的面具。那不是侮辱或不敬。事實上，他們有一天會感謝有人摘掉他們的面具，露出他們的真面目，因為這樣你的本來面目才能成長。面具不會成長；面具是死的。你的本來面目幾乎被遺忘了。你不只騙了別人，也騙了自己。

世界上最被忽略的東西就是你的本來面目，那就是為什麼有這麼多恐懼。本有的存在沒有任何恐懼。問題是我們本有的存在仍然是不敏感的，我們的身體持續變老，而我們繼續假裝我們所不是的。

只有當我看到某人攜帶著一個巨大的自我，我才會打擊他——需要刺穿它。但妳沒有任何自我——妳不用怕我。我沒傷害過任何人，除非我看到某人攜帶著危險的、癌症般的自我。那時我必須砍掉那個自我。當然，心靈外科醫師的工作是吃力不討好的。

妳的恐懼來自妳的制約。我抨擊過教皇、基督教和那些屬於妳的制約的。妳內心裡的某處也感到受傷，妳的制約受到震撼。是妳的制約給妳創造所有麻煩，而妳還在保護它。

妳說妳怕我不愛妳。因為恐懼，在問題中，妳已經採取保護措施了。妳必須了解——了解是唯一需要的。妳必須了解一方面妳想要被愛——誰不想被愛…？

妳想要被愛，但妳怕也許我的答案是不，那會是侮辱，於是妳先保護自己。妳在問題中接著說，我說愛或不愛並不重要。如果不重要，妳何必提到？那是重要的——我們必須深入看我們的問題——否則妳不會提到它。它非常重要，但妳害怕被拒絕。誰知道，最好先保護自己。那個保護在下一句——我說是或否有什麼關係？我要告訴妳，它是重要的，我說的是「是」。

我從未對任何人說不，因為愛對我而言不是一段關係。那比較是我存在的狀態。除了愛，我無法做任何事。即使我批評的人——我愛他們，否則我就不會自找麻煩去批評他們。並不是我不愛他們才批評他們。我愛他們，我要他們成為真實的，因為透過成為真實的，他們可以對人類有很大幫助。

如果教皇拋棄他的自我，他將能幫助無數天主教徒拋棄他們的自我。但如果他持續假裝是絕對正確的，神的代表。那他是在幫其他人擁有巨大的自我，因為他們的宗教領袖是直接和神交流的。因為他們的宗教領袖是偉大的。所以他們是偉大的。

師父是偉大的，因此弟子是偉大的。每個弟子都想要他的師父是世界上最偉大的師父，因為那是唯一使他成為世界上最偉大的弟子的方法。他不在意師父！但藏在他背後的、他的影子下的……

我曾去拜訪一個商羯羅，其中一個印度教的領袖。他坐在一個王座上。在王座旁邊——印度教的商羯羅坐在王座上。旁邊有一張比較矮的小桌子，上面坐著一個老人，也是個印度教的桑雅士。

當我去到那兒，至少有兩百人聚在那兒談論我。商羯羅說：「你將會很高興的知道，這個坐在我旁邊的老人非常謙虛，他總是讓他的桌子比我的位子還低。」

我說：「如果他是謙虛的，那坐在地板上的人比他還謙虛。如果用這來判斷謙虛，那這個人是中等程度的謙虛。最謙虛的人坐在地板上。如果他想要更謙虛，他應該挖個洞坐在裡面——越深越好！那他就真的是謙虛的。如果他只是坐在比你低四英吋的地方，那你呢？你試著向我介紹這個人，但你忘掉你坐在比他高的地方，你的位置比每個人還高。如果用位置高低來判斷人們是謙虛的或自我的，那……」

有隻蜘蛛剛好在他頭上。我說：「那隻蜘蛛似乎是世界上最偉大的導師。牠正坐在你頭上。」

他感到很尷尬。但他繼續說：「這個人是最高法院的主法官；他不是一般人。」

我說：「在棄世後，放棄了一切後，他仍然記得他是最高法院的主法官？似乎無論他是否記得，你都因為有一個弟子擔任最高法院的主法官而感到很高興。你很享受，這個是自我在享受，自我的養分。我要你知道這個人的位置只矮了你四吋，他在等你死掉。當你死了，他就能坐你的位子。他自然會是繼任者，沒人像他這麼接近你。」

我對那個最高法院的退休法官說：「如果你理解我說的，就該下來坐在地上。」

但他沒有移動。

我說：「有困難嗎？你需要有人扶你嗎？你癱瘓了嗎？你聾了嗎？你有聽到我講話嗎？」

我對那個商羯羅說：「你甚至以宗教之名繼續創造階級。同樣存在於政治中的官僚，被你在教會中創造出來。但你也在那個階級中，所以你不會想失去你的位置。而且你一直想要更高的位置。但這同樣是自我，同樣的自我之旅，同樣的數量之爭。」

我為了妳批評教皇，因為教皇不在這兒。但基督教頭腦的制約還在這兒，那個制約必須被打破。

無懼是宗教人士的根本特質。但所有宗教都試著使你恐懼，害怕做錯事，特別是基督教更為嚴重。世界上其他的宗教都有一個針對不遵從他們的規範和教條的人設計的地獄——他們會下地獄。只有基督教的地獄是永恆的。最好還是選擇其他宗教，因為他們的地獄會根據你的罪行決定要待多久。然後你就能離開。

但你無法離開基督教的地獄。一旦你掉進去，你就會永遠在裡面。這是荒謬的，如此荒謬以致於歐洲其中一個最重要的哲學家，羅素，寫了一本書「我為什麼不是基督教徒」。他出生在基督教家庭中，但他意識到整件事——這是荒謬的：他是其中一個最偉大的數學家。他寫過一本書「數學原理」，被認為是數學中其中一本最偉大的書。沒人去看——太難理解了，因為為了證明二加二等於四，你必須看完一百六十五頁。然後結論是二加二確實等於四。一個很難理解且複雜的辯論——為了這件小事需要一百六十五頁。整本書有一千頁。

為什麼羅素寫了一本書叫「我為什麼不是基督教徒」？他舉了很多例子，這就是其中一個：基督教只有一世；印度教、耆那教、佛教有無數世。對印度教徒而言，在無數世中犯了很多罪以致於要在地獄待數百萬年是可能的。

但對於一世只有七、八十年生命的基督教徒而言，羅素說：「即使我從早到晚不睡覺一直犯罪，持續犯八十年的罪，即使這樣而永遠待在地獄也是不公平的。可以判我八十年的刑罰：讓我在那兒待八十年，一百六十年，但不能讓我永遠待在那兒。我哪有犯這麼多罪以致於要永遠待在地獄？」

沒有任何教皇或基督教神學家回答這個問題，因為沒有答案——事情很明顯。羅素說：「就我而言，如果把我犯的罪和夢中犯的罪一起考慮，最鐵石心腸的法官也不會讓我坐超過四或五年的牢。但讓我永遠待在地獄，沒有結束……！」

基督教的地獄只有一個入口，沒有出口；你只能進去，然後就結束了！七十年的生命——你要如何犯這麼多罪？羅素是數學家，他從數學的觀點來看——那是不可能的。

你必須了解基督教徒的恐懼。他們活在恐懼中，一個人越正直，就會遇到越多困難，因為他很嚴肅的看待每件事。不服從是個罪；不去找教士懺悔是罪。你犯的罪就在那兒，如果你不去懺悔，那是另一個罪。

有一天，一個天主教教士正在接受告解……

他有個朋友是個拉比，他們都喜歡看足球賽。那晚有一場足球賽，於是拉比到教堂去找他的教士朋友。但天主教教士說：「再等幾分鐘，等我處理完這些人。我正在接受他們的懺悔，讓他們悔過。」

但進行到一半時，一通電話打來了，他的妻子得了重病，突然生病——也許是心臟病還是什麼。於是教士說：「你坐這，」因為有個簾幕，教士坐在簾幕後。外面是在懺悔的人。

他對拉比說：「請你坐在這兒。你聽過我給人們哪些懲罰：你必須每周日來教堂，你必須每天看聖經……諸如此類。你先應付一下，我很快回來。」

拉比從未做過這類事，他感到困難。有個人來了，他說：「原諒我，神父，但我又犯了通姦罪。」

拉比問：「你犯了多少次通姦罪？」

他說：「四次。」

「我給你什麼懲罰？」

他說：「你每次都說：捐一元給教堂。」

拉比說：「那容易。這次你捐十元。」

他說「但我這次只有通姦一次。」

拉比說：「先預付九次……不需要來九次，只要給教堂十元。」他對教士說：「你的人不知道如何做生意——當你抓到某個人的把柄，卻只要一元？」

教士說：「你是什麼意思？」

拉比說：「有個人犯了通姦罪，我拿了十元——九元是預付款。你可以犯九次罪，你有九次自由。」

教士說：「你在說什麼？這不是天主教的做法！」

他說：「我不了解天主教。我只知道怎麼做生意！」

事實上，恐懼透過譴責你的本性、生理、愛而創造出來……使你喜悅的一切都會被譴責。那你自然會變成痛苦的。一方面你是痛苦的；一方面你的本性要求去實現它。它想要被愛，它想要愛，但恐懼存在著。

教會不接受愛。你可以愛耶穌，但你不能愛人，不能用一般的、自然的、凡人的方式去愛。你可以擁有心靈層面的愛，無論你要多少，但心靈層面的愛不會滿足你。

當你身體層面的愛達到高峰，使你到達非常喜樂的狀態以致於你想要超越它時，心靈層面的愛才會來到。心靈層面的愛不反對身體層面的愛，它在身體層面的愛前面。然後就不會有恐懼。這個世界和另一個世界不再是分開的。你的身體和靈魂不是分開的。然後就不會有像罪的東西存在。

我沒遇過任何我可以稱為罪的東西。只有錯誤存在，而那是可以修正的。你不用害怕。記住，人類其中一個最大的需要就是愛與被愛。如果這沒有被滿足，你會感覺像海上的小島——單獨的、完全單獨的、無人的、沒人去分享你的痛苦；沒人分享…沒人和你一起跳舞、唱歌、坐在寧靜中。

我教導凡人的愛，因為透過滿足凡人的愛才會使神的愛開花——不是對抗它，而是完全連結它的。

如果你想要永遠待在天堂，你得從當下就處於天堂。從到到尾都是天堂，不是只有終點才是天堂。因為你從頭到尾一直是受苦的、悲傷的，等你到了天堂，我不認為他們會讓你進去！

你應該一邊跳著舞一邊到達神。但如果你的生命不是一支舞，那你要如何一邊跳著舞一邊到達神？

你應該一邊唱著歌一邊到達神，但你的生命必須成為一首歌。

我是沒有任何宗教信仰的人。

我教導純粹的自然、自發性。我遇過無數來找我的人，他們的恐懼、天堂和地獄、神都消失了。剩下的是他們永恆的意識，了解到這個將會是無窮的至福和喜樂，以致於你可以持續分享給全世界；那是無法耗盡的。

但從童年開始，你就受到很深的制約。你必須鼓起勇氣去拿掉它們。小孩是全世界最壓抑的人。

在一個基督教學校，女老師正在談論基督教的三位一體——上帝、耶穌、聖靈。然後她要每個學生畫出他們想像的三位一體。她環顧四周——每個人都根據他們的想像力進行著。但當她走到一個小男孩旁邊時，她停了下來⋯他畫了一架有四個窗戶的飛機。

她說：「這是什麼？三位一體在哪？」

他說：「妳沒看到嗎？其中一個窗戶裡面有一個人往外看——那是上帝。」

她說：「好的。」

「從第二個窗戶往外看的人是耶穌。」

她說：「好的。」

「在第三個窗戶裡面的是聖靈。你看不到它，因為沒人知道它的模樣，所以我用自己的想像力創造了它。」

她說：「好的，那第四個窗戶呢？」

他說：「女士，妳真蠢！那是駕駛。飛機沒有他就墜落了。」

笑你的制約，讓它們墜落。

自由的愛、跳舞、唱歌。

自由的成為人類——那是你與生俱來的權利。

第二十二章
劍與蓮花

奧修，握著你的手和感受你的慈悲，使我想大哭，你是如此的美。我無法承受；我內在的女人震顫著，開始活了起來。一個想要取悅自己、表達自己的需求：我對於理想男性的想法倒在我的腳旁，變成碎片。還能做什麼？

這個問題提到了其中一件最重要的事，就是關於男人的完整性。本世紀其中一個最聰明的心理研究者，榮格，發現男人不只是男人，女人不只是女人。男人是兩者，女人也是。男人和女人是形成整體的兩部分。如果你是男人，那表示你的無意識會是女人。如果妳是女人，妳的無意識會是男人。那在西方是一個革命性的看法，但在東方則不是。東方至少在五千年前就知道這點。在東方有些雕像象徵了同樣概念——以半男半女的形態跳著舞的濕婆。

譚崔在數百年來就一直提到男人不可能只是男人，每個人都是透過父親和母親出生。雙方都對小孩有貢獻。無論小孩是男的或女的，那無所謂；他基本的構成要素來自於雙方，男人和女人。小孩裡面的某部分會維持屬於雙方的。

但社會並沒有這麼進化、文明、心態健全到可以了解它的含義；它們是浩瀚的。如果每個男人裡面都攜帶著一個女人，社會不在意——沒有任何社會在意。

如果每個女人裡面都攜帶著一個男人，沒人會注意到。這個事實已經被知道了好幾世紀，但社會忽視這個事實。結果全人類都因此受苦、分裂，沒人是放鬆的，因為有一半是被忽視的，有一半仍是營養不良的。你怎麼會感到滿足？

相反的，每個社會從人們童年起就堅持男孩是男孩，女孩是女孩。人們在小事上被一再提醒：如果男孩爬樹，那沒問題，但這不適合女孩。

我童年時的鄰居是個校長。他有一個跟我同年紀的女兒，因為她看到我在爬樹，所以她自然也照著做。她父親出來對她說：「不要再這麼做。這不像女性的行為。妳是個女孩。」

女孩說：「但你沒對那個爬樹的男孩這麼說。」

他說：「問題不在於爬樹。男孩可以做很多女孩不能做的事。男孩也有很多事不能做。」男孩不能玩洋娃娃。每個人都會笑他：「你在做什麼？你是女孩嗎？」女孩會玩洋娃娃；那不適合男性。

我們創造出這麼大的分裂和區別——男人是某一種人類，女人是另一種人類。我童年時喜歡留長髮……

我住的房子銜接父親的店鋪，所以我每次進出都會經過他的店鋪。

人們會問他：「這是誰家的女孩？」我的父親感到很尷尬，最後他終於抓住我說：「不能這樣下去。我對每個客人都得解釋：他不是女孩，他是我兒子。但這令人尷尬。你不尷尬嗎？」

我說：「沒關係。我喜歡長髮，如果他們以為我是女孩，那是他們的問題。對我沒影響。」

他拿了剪刀剪我的頭髮。我說：「你會後悔的。」

他說：「不用嚇我。你常這麼做。」

我說：「你試試，然後等著看。」

他餘生都在後悔。當他剪完我的頭髮，我立刻去⋯店鋪對面是理髮店。我喜愛其中一個理髮師──他對鴉片上癮，所以我有時間都會去找他。他會談論偉大的事。沒人想聽他說話，他愛我是因為我會聽他說話。我說：「這些事是偉大的，那些人是笨蛋，他們不懂。」

他說：「你是唯一了解我的人，我一直在等你，因為這些人不了解偉大的事。」

當他抽鴉片後會開始唱歌，聽那些歌是很享受的事。其中一句來自這首歌，另一句來自另一首歌，有的來自於巴贊，宗教的歌曲，有的來自電影⋯他還會加入自己的想法來編曲。

於是我去找他：「我今天需要你的幫助。」

他說：「我會為你做任何事。」

我說：「你只要剪光我的頭髮。」

他說：「這是另一回事。如果你的父親知道，我會有麻煩」——因為在印度，男孩只有父親死了才會剪光頭髮。

但我對他說：「我從未提任何要求。如果你不剪，我就不會再來了。」

他說：「不，等等，你是唯一了解我的客人。」

他把我的頭髮剪光，然後我回家了。

我父親看到我進了店鋪。他說：「怎麼回事？」

他的客人說：「這男孩發生什麼事？他的父親似乎死了。」

現在我父親處於更尷尬的局面。他說：「他沒死，我是他的父親。但他是對的，我會後悔。我現在得對全村的人說我還活著！」

人們開始來到。因為我在村子裡游晃，每個人看到我都以為我的父親死了。人們開始來弔唁，當他們看到我的父親坐在店鋪裡面，他們說：「怎麼回事？誰死了？我們看到你的兒子剪光頭髮了。」

我的父親說：「那是我造成的。我一氣之下剪掉他的頭髮，我也知道他會做出某些事，但這是最後一次……我再也不會對他做任何事，因為不知道他會做出什麼事。」

他對我說：「你可以對我仁慈點——直到長出一點頭髮前，可否先從後門進出？」

我說：「你又要我做違背我意願的事。我可以這麼做，我可以一輩子都從後門進出，但我會製造些麻煩。」

於是他說：「沒關係，不要從後門進出。讓我面對全村的人。你已經走遍了全村。每個人都知道——人們來弔唁，發現我還活著。所以只要幾天，他們就知道我還活著，和你做的⋯⋯而那個抽鴉片的癮君子——能對他做什麼？你甚至無法和他溝通。你說一件事——他回答另一件事。」

他說：「我好奇你是怎麼和他溝通的。我看你在他店裡待了數小時。」

我說：「他是其中一個最有愛心的人。他說什麼並不重要，是否和我說的相關並不重要⋯⋯我很享受我說的話，他享受他說的話。我們都很享受——沒有溝通的問題。」那不是生意，那是純粹的享受。當他清醒時，他會說出沒人說的出來的美麗話語。有一天他在為村裡一個偉大的摔角手剪髮，我在他耳旁悄悄說：只要剪一半，剩下一半不剪。」

他說：「但他會很生氣，而且他是摔角手，我是抽鴉片上癮的老人。」

我說：「你不用擔心。我在這兒。」

⋯他剪了一半的頭髮，然後說：「我想到一件事，我得立刻回家。你坐著，我會再來。」

這是他逃走的方式。

摔角手等了幾分鐘⋯然後半小時⋯他問我：「這個人會回來嗎？」

我說：「我不認為⋯因為這個人對鴉片上癮，不知道他會在哪兒——談論某人，他也許還沒回家。你最好還是先走。」

他說：「這樣很怪。只有剪一半的頭髮，我會看起來像笨蛋！」

我說：「但他沒拿錢。你可以去另一間理髮店，省掉一半的錢。」
他說：「你是他的夥伴嗎？」
我說：「我們只是朋友。除非你離開，否則他不會回來。所以你越早離開越好。」
他只好去另一間理髮店，那兒的人們嘲笑他。他們說：「你為什麼要去找那個瘋子？」
所以我父親試著說服那個癮君子：「不要再對我小孩做這種事」——但他會回答另一件事。

對他而言，最尷尬的是某個人以為我是他的女兒，不是兒子。
你一輩子都會這樣⋯男人就是男人，很多事不能做。女人必須是優雅的、有尺度的、遵從某些使她女性化的想法。
社會沒理會偉大的譚崔師父，也沒理會榮格，分析心理學的奠基者。但我要特別強調，除非我們接受男人和女人裡面的所有特質，否則我們將無法使人類自由。
一半的存在會一直處於束縛中。
例如，沒有男人可以哭泣；他必須堅強。即使某人死了，他的心充滿了淚水，也必須使自己堅強。他不能顯示自己的弱點——彷彿淚水是一種弱點。
女人可以哭泣，悲傷的、煩惱的講事情，流淚。但也許你不了解，因為女人可以尖叫哭泣，那是可以接受的，她們不像男人那麼容易發瘋。她們不會殺人或自殺。男人自殺的比例是女人的兩倍。為什麼會這樣？

因為男人一直在累積煩惱。社會要他壓抑感覺和情緒——他必須是思想家。他甚至不會讓朋友、妻兒、父母知道他的心情。不，他不管在哪兒都得是單獨的、不帶感情的——他是男人。

女人要哭很容易——任何小傷害就會泛淚。但你不知道淚水的療效。每個男人都得接受流淚是需要的，因為如果自然沒有要讓男人哭泣，那它就不會給他淚腺。男人和女人擁有同樣大小的淚腺——自然不可能是隨意給予的。

有時候你會想哭，哭是好的——那是種放鬆。卸去你心中的負擔。如果你持續累積這一切，有一天它會爆發。那就是為什麼有些你以為很善良的人卻殺了人——你無法相信——或自殺。你無法相信這麼虔誠、每早念薄伽梵歌、去寺廟、做各種儀式的人——他怎麼會自殺？但你從沒看過他流淚，你從不了解他的情緒、內心的感受、傷口。他在掩飾它們。

每件事都有極限。一旦他無法再承受，與其暴露出來，他寧願自殺。那似乎比讓別人知道這個人在哭泣更有男子氣概。

女人——如果她們能被允許玩男孩在玩的遊戲，渡河、爬樹、爬山等各種男孩在做的——那她們就很難或甚至不可能被強暴。

我們的社會要為女人如此脆弱和柔順負責，以致於當某個人強暴她時，她無能為力。她從不被允許做任何事——不能運動，沒有做任何可以使她變強壯的事。我們創造了分裂的人類的奇怪社會。

你的問題是聽我講話、和我在一起、你感覺如此充滿愛以致於怪事發生了：你發現自己所謂的男子氣概四分五裂，你的「女性」部分突然接管了你。

愛不是屬於頭腦的，而是屬於心的——它是女性的。每當愛接管你，你的男性部分會感到沮喪、不情願、害怕。每當愛發生，女性的部分就開花了。沒有愛，女性的部分是萎縮的。喜愛權力的男人永遠不會戀愛。即使他們戀愛，也會使自己保持距離。

例如，希特勒……你無法理解這是什麼愛。他愛過一個女人，但他和她的相處方式幾乎像她是士兵，而他是司令官。出門時他會對她說：「當我出門，妳不能去妳母親家」——而那就在附近。這不合理——為什麼？她已經很多天沒看到母親——她病了，老了，沒有不該去的理由。但妳不能問像希特勒這樣的男人：「為什麼？」他會立刻對妳大罵，那就是他的答案；他不認為需要回答妳。

但女人以為他不會回來……她問他的秘書。他說：「他至少有八小時不會回來。」她說：「那夠了。我會在半小時內回來。」

於是她去看她母親。並在希特勒回來前就回來了，但當他回來，第一件事就是問他的秘書：「那個女人有去看她母親嗎？」

秘書只得說：「有，但只有半小時，那沒有什麼影響……」

希特勒說：「我沒有問你的意見，我沒有問是否有影響。」

他立刻進去找他妻子，對她破口大罵，甚至沒問秘書她是否回來了。

你認為這是愛嗎？愛會做出這種事嗎？愛會是無法原諒⋯如此苛刻、沒有感情？——這不是愛。後來另一個女人進入他的生命，但他從不和她一起睡。他在自傳中提到原因：「當我在睡覺時，我不相信任何人，甚至一個以為她愛我的女人。她也許是間諜，也許是敵人。她可能會射殺我、殺死我、毒死我⋯對我做任何事。」

他從不讓女人跟他睡在同一個房間，而他們維持了十年的感情。但這是什麼樣的愛？

當德國戰敗的那天，柏林被轟炸，他躲在一個安全的地下室。他要秘書立刻去找一個牧師，因為他想要結婚。

秘書說：「你選了多麼好的時間點。我們結束了。柏林再幾分鐘就會被敵人攻占。十年來，那女人一直要你跟她結婚，你一直拖延。現在為什麼要急著結婚？」

他說：「不要浪費時間。去抓一個牧師，強迫他過來這兒。我沒太多時間，我要在死前結婚。」

他結婚了——然後死在一起。兩人都服毒死了，並讓下屬燒毀他們的屍體。那是他們首次待在同一個房間。

他為什麼選擇這個時候？因為現在已經沒有恐懼了。死亡無論如何都會發生；不需要不信任了。

男人以為自己愛，女人則去愛。

她不會以為自己在愛。

對男人而言，思考先發生；愛是其次。因此他的愛沒有美，沒有女人的愛裡面的神性芬芳。但他可以有。自然使你們都是有生命力的，但你的女性面是壓抑的，你不讓她抬頭挺胸。這創造出很多問題以致於你會一直需要女人——女人會一直需要男人。

如果正確的心理狀態遍及全世界，每個小孩的兩部分都能成長，他將會擁有男性的力量和女性的柔軟、愛心。

某個日本的禪師非常愛我以致於他在禪院用我的書教導禪：當我在美國坐牢時，他到日本的每個禪院尋求禪師的簽名連署表達抗議。

我不屬於任何宗教，但如果真的有任何人是有宗教性的，他會是屬於我的。

他寄了一個佛像給我，一個奇怪的雕像，比我在其他地方看到的雕像更像佛陀。一隻手拿著一朵蓮花，另一隻手拿著一把劍。最奇怪的是如果你從某一邊看，從劍的那一邊看，它的臉像是戰士。如果你從蓮花那一邊看，它的臉看起來是如此女性化、如此美麗以致於你無法把它和戰鬥聯想在一起。

一個佛必須是兩者——劍與蓮花。他必須是男人和女人——在他們最終的綻放狀態下。

如果正確的心態遍及各地，每個男人和女人都會有某種獨立感。對男人或女人的需要將會消失，因為你裡面就有女性的部分，妳裡面就有男性的部分。

你會擁有你現在沒有的獨立感。這是其中一個原因：丈夫和妻子不斷爭吵是因為人無法全然的愛他們依賴的人。沒人想要依賴。

男人無法全然的愛女人，因為他非常依賴她。

我曾在大學當過老師，我住的宿舍隔壁是一個孟加拉家庭，一個數學教授，很單純的人。我第一天入住時——牆壁非常薄以致於你可以聽到隔壁發生的一切——那發生在半夜一點，教授大喊：「我要自殺。受夠了！」

女人說：「誰攔著你？這是你的雨傘，滾出去！」

孟加拉人到任何地方都會帶雨傘。

我有點困惑，不知要做什麼，我是否要介入。我甚至不認識這些人，但如果不介入似乎不對。而且這是奇怪的！我很困惑他是否會自殺，而那女人給他雨傘？這是荒唐的。但我走出房間，那個教授帶著雨傘朝著附近的火車站快速前往。

我問那女人：「我是剛搬來的，我不知道這兒怎麼了。我不該干涉，但妳的丈夫在半夜要去自殺，而妳似乎不擔心——妳甚至給他雨傘。妳至少該保留雨傘，那他就不會離開了——因為孟加拉人到任何地方都要有雨傘。」

她說：「不用擔心；你是新來的。他沒有我無法自殺！他在各方面都需要我。你等著——他很快就會回來。」

他在十五或二十分鐘內回來了。那女人說：「怎麼回事？」

他說：「怎麼回事？妳給我壞掉的雨傘！它無法打開！」——當時沒下雨，不需要開傘。「我一直告訴妳，我出門都要給我可以用的雨傘。但妳沒有把我的話當一回事——我準備要去自殺，已經決定了。我甚至到了火車站，但當我試著要打開雨傘，它無法打開。為了給妳上一課，我必須回來。」

我感到如釋重負，然後我去睡覺。我說：「這些人不會自殺。」

那女人是對的：「他無法單獨做任何事——他甚至連自殺也需要我。他沒有我就無法做任何事。所以不用擔心，你去睡。他會在半小時內回來。這幾乎是每天的例行公事；不是新鮮事。我第一次也很擔心，但當這每天發生…！他隨時都會自殺——任何原因、心情。然後我想：這只是…他沒這意思；他不了解自殺的意義。」

男人和女人為什麼不斷爭吵？因為他們對彼此有某種依賴。沒人喜歡依賴——每個人都恨它。那個恨在毒化你的愛。那個恨創造出不斷的衝突。

我要說的是如果每個男人和女人都以這樣的想法帶大——你擁有這兩個翅膀，你不是單獨的，隱藏在你裡面的是你的另一極，然後你會擁有某種平衡感，你的需要會變成某個新的東西。你會愛一個女人，但那不會是需要，而是喜悅、分享。

你會愛上跟你內在的女人相像的女人；會有一種深入的連結。妳會愛上跟妳內在的男人相像的男人。如果妳不和妳內在的男人對抗的話，因為妳無法和妳外在的相似處對抗。

詢問占星家、看手相的人、解讀塔羅牌的人和各種全世界的笨蛋來決定你的婚姻是愚蠢的。我在某個城市住過幾年…

我住的地方對面有一個婆羅門在幫人看出生圖，分析雙方婚姻是否會美滿。

某天有個人來找我：「我是很窮的人，那個占星家是市裡最好的，他收費是十盧比——我最多可以付兩盧比。我真的很窮。因為我兒子的婚姻，我想要最好的占星家決定他們是否會幸福。」

我說：「你不用擔心。你在這兒等，讓我去找那個占星家，當我到了那兒，你可以過來。」

我去找那個占星家：「我住在你對面已經兩年，我看你每天都在和妻子吵架。你無法透過出生圖看出來嗎？除非你照我說的作，否則我要揭發你。」

他說：「我會聽你的，但請不要揭發我。」

當那個人來到。我說：「第一件事就是免費為他服務。」

他說：「但我以前拒絕過他；我的費用最少要十盧比。」

我說：「你必須免費看這個人的出生圖，否則我要揭發你。」

他說：「等等！不用再說了。我會照你說的做。每當你想要任何人免費，只要讓我知道，我會照做。不要講這麼大聲，如果我妻子進來，那不用輪到你揭發我，她就會揭發整件事。她甚至會打我。這些占星術都是胡扯！但能怎麼辦？——這是我唯一擅長的工作，而且一切進行得很好。」

沒有任何占星家可以決定。那和你的生日、星辰或掌紋都無關。

所有婚姻由占星家決定——特別是在這兒。每個婚姻幾乎都是安排好的，它們都失敗了，無一例外。

我和很多家庭一起住過；因為旅行，我到過無數家庭中作客，我感到驚訝，故事都一樣——他們都在爭吵。

原因是我們沒有可以找到正確伴侶的方式。你做不到，除非男人和女人內在的兩部分都能完全的成長；他們才能找到適合自己的男人或女人。

不需要有任何安排的婚姻。那是假的；欺騙。欺騙你的小孩使他們一輩子受苦、彼此爭吵，但仍對外界保持笑臉⋯他們不能說出內心裡的話。每個人都以為別人過著美麗的生活，但每個人都在同一條船上。

你的問題是重要的——發現愛的發生，你的男性面開始消散、粉碎。你的女性面，你未意識到的，突然出現了。所有女性的特質——柔軟、美、音樂、詩⋯接受它；不要擔心。消散的不是你真正的男性面。而是社會培養出來的。一旦你接受你的女性面，你很快就會發現你真正的男性面，它無法消散或粉碎。被粉碎的是被強加於你的。

人們對你說這是男人該做的，沒人在乎這是否符合人性。你也許會哭泣，但你會驚訝，是你的女性面在哭泣。然後突然會出現一個無窮的力量，那不是女性面，而是男性面。你的淚水清洗掉社會強加於你的垃圾。

所以粉碎的部分不是你的實相；只是強加於你的虛假存在——你必須像這樣，那是男人該做的，這是女人該做的。

沒人知道你的本性，沒人尊敬你的完整性。你知道外科手術可以把男人變成女人或女人變成男人。如果你沒有這兩者，手術就無法成功。兩者都在你裡面：一個是顯現的，一個是隱藏的。手術可以改變。另一面可以顯現，而原本顯現的可以被隱藏。那是很簡單的。

我有一個桑雅士是其中一個最好的整形醫生，把很多男人變成女人，以及很多女人變成男人。他在擔心他這樣做是否正確，所以他問過我。

我說：「你做的一切是好的。如果男人對當一個男人感到厭倦，他應該要有機會變成女人。反之亦然。如果這一世就能做到，何必等到來世？」

我遇過很多記得前世的小孩，但我發現有一個奇怪的地方，如果小孩是男的，他的前世會是女的；如果小孩是女的，她的前世會是男的。

這情況非常普遍，給了我一個暗示，每個男人在生命結束前會感到厭倦，開始思考也許女人是更享受的。而每個女人也會厭倦，因為妳不知道另一個人的內在世界，妳只會看到外在。有一個蘇菲的故事：

有個人很痛苦，他是個神秘家，整天都在祈禱。最後他對神說：「我從沒要求祢任何事。我以為祢一定知道，但祢似乎不在意我。我只好對祢說清楚，我似乎是全世界最痛苦的人，但我不要祢拿走我的痛苦。我只要求能和別人交換痛苦——我準備好了。祢能做到嗎？」

那晚睡覺時，他做了一個夢，神叫來全市的人，要每個人把他們的痛苦放進一個袋子，並把它帶到清真寺去。

神秘家很驚訝。他心想：「也許祂聽到我的祈禱。」

他立刻把他的所有痛苦放進一個袋子並趕往清真寺。他很驚訝，因為全市的人都衝到清真寺，每個人的袋子都比他的還大。他的袋子是最小的！

他說：「我的天。現在我有麻煩了。我從沒想過人們藏了這麼多痛苦。他們的袋子都碰到地面了；他們只能拖著它們。」他只是用手就能提著他的袋子。他說：「這會是愚蠢的。這些是我的痛苦，現在我得和那些袋子交換……」他看看四周——每個人都擁有更大的袋子。自然的，那就是為什麼他們慢慢的走在他後面。

最後，當每個人都到了清真寺，傳來神的聲音：「把袋子掛起來。我會把燈關掉，然後你們可以選擇你們想要的。每個人都能選擇——選擇你要的痛苦。」

在燈被關掉前，神秘家衝向他自己的袋子。但他很驚訝，不只是他，每個人都衝向自己的袋子。

他說：「這真奇怪。」

他問旁邊的人：「你為什麼要用跑的？急什麼？」

他們說：「至少我們知道我們的袋子裡面有什麼。我們一生都和這些痛苦生活在一起，所以我們很熟悉。事實上，我們已經共同生活了這麼久，它們已經沒有那麼痛苦了。我們已經習慣：選別人的袋子，你不知道裡面是什麼。至少有件事可以確定，你得重新習慣新的痛苦，沒人想這樣。」

每個人，無一例外，都拿著自己的袋子，這樣就無法有人在黑暗中拿走它們。但沒人準備好，每個人都拿著自己的袋子。於是神說：「似乎不需要關燈——你們可以回家了。你們做了選擇。」

他們很快樂，因為每個人都拿著自己的袋子回家。

神秘家開始微笑。他說：「這是一個偉大的夢，它顯示了一個真理，你只看到別人的臉，但你不知道他們內在裡攜帶著什麼⋯什麼樣的痛苦和煩惱。」

所以會發生這種情況，等到臨終前，每個人都想要變成他裡面未知的部分，他一直壓抑的。如果他知道這兩者，他死時就不會要求成為男人或女人，而是要求別的——更高層次的，和意識、靜心有關的。他會要求：「我已經在無知中活了這麼久；現在給我光。讓我活在光和意識中。」

如果他知道這兩者，他會要求：「已經夠了。我已經知道男人和女人。我曾經是這兩者，我很滿足了。現在我想要超越，超越男人和女人。」那就是成道的狀態⋯

所以不用擔心。消散粉碎的東西並不屬於你。讓你的女性面發生，你很快就會發現你的男性面也會發生。讓它們都有同樣的尊敬、完整的。那會使你首次成為個體——沒分裂的。那就是「個體」的意思。

一個成為個體的男人和一個成為個體的女人相愛會是一種完全不同芬芳的愛。不會只是身體上的、生理上的，裡面會有些心靈上的。它會朝著心靈面成長。他們會幫助彼此走向心靈面，他們會變成達成神性的朝聖之旅上的夥伴。

奧修，當一個人哭泣時，那通常是悲傷的，但你的桑雅士在快樂時也會哭泣。你是否可以對我們談談淚水？

淚水有它的語言：任何無法透過文字表達的，會透過淚水溢出。

如果你受到很大的痛苦，會有淚水，如果你處於極大的狂喜中，會有淚水。如果你處於深愛中，會有淚水。如果你處於深深的寧靜中，會有淚水。

淚水會在很多場合出現，但有一點是共通的：無論什麼發生在你裡面，都是某個無法透過文字表達的。

小孩哭泣是因為他們要父母滿足一些他們不敢說出來的要求。他們怕答案會是不。他們無法透過文字表達要求，因為他們不想被拒絕或忽視。

所以會有淚水，父母對他們的淚水的了解勝過文字。淚水創造出溝通的橋樑。父母變成更柔軟的、更敞開的、更能幫助他們的⋯他們想知道什麼原因，小孩要什麼：「你為什麼哭？」然後就比較容易讓父母同意。

你有時候會發現充滿淚水的桑雅士——他們對我沒有任何要求；他們的淚水是充滿感激的。但有些經驗是無法談論的；事實上，談論它們似乎是褻瀆的。

如果你真的愛某人，似乎很難說：「我愛妳，」因為「愛」這個字是渺小的，而那個感受是巨大的，當你聽到自己說：「我愛妳，」你會感到沮喪——那不是你想說的。那是某個有生氣的、非常巨大的，而「愛」這個字只是死的。它不是呼吸；沒有心跳。你的愛是你的完整性，而這個字沒有攜帶著任何你的完整性。

然後淚水會變成用來表達的語言……任何無法表達的。

淚水有自己的美、詩意……沉默的，一首只能透過心去傾聽另一顆心的歌。

桑雅士的淚水不是在要求某個東西，而是感謝，因為他們已經得到某個東西。

奧修，根據你對於社區的洞見，是否可以談談女性解放運動？

它們不是分開來的。女性的解放運動也會是男性的解放運動。聽起來也許奇怪，但如果你深入到源頭會比較容易了解。

有一個基本的要點：你不能使任何人成為奴隸，除非你準備被你的奴隸奴役。奴役一直是兩面的。

主人有時候會是比奴隸更被奴役的奴隸。主人每件事都依賴奴隸。第二點：當你使某人成為奴隸，你是在為自己創造麻煩，因為那個人會恨你。他也許會顯示他的愛或敬畏，但那只是表面。內心則燃燒著憎恨之火。

男人使女人成為奴隸，你可以了解我的意思。你有看過丈夫是不懼內的嗎？

一個學校的老師正在問學生。他問：「你們有看過某人離家後是一個樣子，回家後是另一個樣子的嗎？」

有個小孩立刻興奮的揮手。老師說：「怎麼回事？你知道嗎？」

他說：「每個人都知道，但沒勇氣說。我可以說。是我父親。當他離家後，他看起來像隻獅子，當他回家後，他看起來像隻老鼠。這些男孩都知道，但他們不敢說。我不在乎，因為我父母一直在爭吵，以致於沒時間管我。我是完全自由的，可以做任何事、到任何地方。」

是什麼使女人變成暴躁的？那不是天生的特質。是什麼使女人不斷對丈夫嘮叨？那不是天生的。

那是報復，女性報復的方式。你把她貶成奴隸。你奪走她的自由，使她變成一個佔有物。

我在妹妹結婚時告訴父親：「如果你提到 kanyadan 這個字，捐獻女兒，我就不會再回這個家。你可以當作我死了。」

他說：「但這太奇怪。那個字已經被用了好幾世紀。」

我說：「我不在乎那幾世紀，我在乎那個字的意義。你可以捐東西、捐錢——你不能捐人！我不允許，即使在婚宴中。讓他們下地獄！」

他說：「我擔心你會製造麻煩，但我沒想過是這種麻煩。婚宴快開始了——你聽到樂隊的演奏，人們陸續來到——而你要我不能用 kanyadan 這個字⋯⋯！但婆羅門教士會說：父親在哪兒？他必須來主持kanyadan。」

我說：「我還沒告訴你，關於教士，我已經安排好了。」

教士住在我家後面。中間有一棵很大的苦楝樹——那是很窄的巷道——我已經散播謠言說樹上有很多鬼魂。那個婆羅門很害怕，因為他必須經過那條巷子。他是唯一住在我家後面的人。他曾問我：「這是真的嗎？」

我說：「你想要經驗嗎？我認識一些人……」

有一天我想辦法讓他經驗到……

他幾乎是用跑的。他從大馬路就會開始跑：「禮讚克理虛納、禮讚羅摩……」只是為了避開那兒的鬼魂。他必須這樣開始：「禮讚克理虛納、禮讚羅摩……」因為我讓他經驗到。

我只是做了一件簡單的事。有一次他工作結束後——一些膜拜、一些婚禮或什麼的——那一定是晚上十點，那是很暗的夜晚……我身上有一個鼓和一條大毯子。當他走過樹下，我把毯子扔到他身上，以致於他看不見發生什麼事，然後我敲打鼓，並把鼓丟向他。他很困惑發生了什麼事，他跑掉了。那個鼓剛好掉到他頭上。我沒想到情況會變成這樣——他的頭完全被鼓蓋住，然後毯子蓋住他全身。所以當他回來後，人們開始逃跑，以為鬼魂出現了！

他只好大喊：「我是住在後面的婆羅門！我不是鬼！是因為鬼把我變成現在這樣。」但沒別的辦法讓他經驗到。他後來對我很有禮貌、尊敬。無論我說什麼，他都會說：「好，我會做到。」

我對他說：「我妹妹要結婚。你不能使用 kanyadan 這個字，因為沒有人可以被捐獻。那不是禮物——人被用來捐獻？如果你用了 kanyadan 這個字，那記住，從今天開始，你將無法回家……那些鬼魂每天都會找你麻煩。」

他說：「我會做到，我不要再有更多鼓和毯子了。」

於是我對父親說：「他願意。」

我們從一開始就試著把女人變成奴隸。她的憤怒自然會持續累積，在丈夫的家中，無數女人——因為幾乎一半的人類是女人……有一半人類把生命浪費在廚房、日常工作、看小孩——很糟的工作，整天都在等丈夫說些安慰的話、美麗的話。

但丈夫有自己的問題：公司的老闆；桌上持續累積的文件；每個人都要求他完成那些工作。他努力工作，但他帶了一堆文件回家。當女人看到他帶了一堆文件回家，那表示工作進入家中了。她大哭、爆發……她的生命被毀了。整天煮飯、照顧小孩。最後她以為丈夫回來後可以有些愛的交流時間，而他帶了整個辦公室的工作回來。她自然會發瘋、丟擲那些文件。當他在吃飯，她會一直對他嘮叨這個和那個……不讓他好好吃飯。

某人看到一個餐廳標誌寫著：「至少進來一次，你會發現一切就像你家。」

他進去後坐了下來。一個女服務生走過來問：「你想要點些什麼？」

他說：「先給我一杯冷的茶。」

她說：「冷茶？如果你想要，我會送來。」

「然後送些食物——燒焦的麵包、非常熱的蔬菜，上面放很多辣醬，多到我流下眼淚……以這個為標準。第三，坐在我面前對我嘮叨！」

那女人說：「但這是餐廳。」

他說：「看你們的標誌！只有這樣我才覺得在家。」

這是每個人住的家。而你們把這稱為生命？

男人在辦公室被騷擾，女人整天被小孩和鄰居騷擾——然後丈夫回來……雙方都處於精神不好的狀態；他們開始為每件事爭吵，很快就是丟盤子。女人用枕頭打他；他大喊並試著使她冷靜，因為鄰居會說話。小孩會醒來……但一個人能冷靜多久？

除非女人獲得自由，男人才有可能獲得自由。女人應該受教育，有經濟能力，應該是其中一個家中有在賺錢的人，不該依賴丈夫。女人在社會中應該要能跟男人一樣可以參加任何活動。女人應該要有時間發揮創造力、演奏音樂、繪畫、閱讀寫作。你會驚訝——她的嘮叨、暴躁會消失，因為那股能量已經變成創造性的。

你無法譴責女人，因為如果你想要了解，只要去做她一天的工作。先煮飯——然後你就會知道！至少我知道我甚至無法泡茶。對我而言，做麵包是個奇蹟。

然後照顧小孩，真正的惡魔——你不是殺了他們就是殺了自己。只要二十四小時！小孩有自己的生活方式：白天睡一整天，晚上則努力喚醒每個人。

有時候他們說他們想去上廁所，你想辦法把他們弄到廁所後，幾分鐘後他們又把你弄醒——他們需要喝水……他們整天都在睡覺，現在他們是清醒的。而你想要強迫他們睡覺；睡眠不是某個你可以強迫的東西。

如果小孩不斷弄醒你，你會掐著他脖子說：「最後一次：你或是我——決定！我們不能在同一張床上！」

女人自然會嘮叨、暴躁、爭吵。你可以了解她不是故意的。當她對你丟枕頭，你可以看到——那從不會打到你。不是她打不到你，她不想打到你。那只是在表達憤怒。她從未用笨重的東西扔你，使你可能瞎掉、鼻子斷掉、頭破血流……她從不會這麼做。即使枕頭打中你，那也不是很用力的。

如果你仔細觀察，她總是丟那些沒有價值的盤子——她想要擺脫它們！它們不是破了就是有缺口。它們是沒用的盤子。她是考慮過的；她知道——因為她能傷害誰？

因為憤怒在那兒，需要發洩。除非你提供一個創造性的管道……唯一可能的方式就是男人和女人都透過對方得到自由。

解放運動不該只有女人得到自由，而是男人和女人都得到自由——同時。因為他們都處於奴役中。那是互相依存的。不會只有一個人自由；雙方都得到自由或者都仍是奴隸。女人的解放運動還沒被了解，它需要整個心理氛圍的改變。

婚姻制度應該取消。人不該根據法律而活，他們應該根據愛而活。唯一的問題是小孩。我的答案是每個小村莊都該變成一個社區。較大的村莊變成二到三個社區，大城市則分成數十個社區，小孩會是社區的責任。

每個社區成員都該為了小孩的健康、教育、照顧而捐錢給社區。小孩可以回家——父母可以和小孩相聚——但小孩基本上住在社區，不屬於私人的、家庭的。然後就不會有問題。如果兩個人發現愛消失了，那就不需要繼續在一起：那是醜陋的、噁心的。

當你發現愛消失了，為了那些你們在一起的時光，感激、道謝、友善的告別彼此。你會欣賞那些美麗的時刻。但你能怎麼辦？——那不是你能控制的。愛的來去就像季節。如果它還在，很好；那是非常美麗的。但當它消失了，持續抓著某個死掉的東西會使你也是死氣沉沉的。

是因為小孩使舊社會決定雙方應該在一起——因為你們必須照顧小孩；否則小孩怎麼辦？

一個簡單的方式就是每個一、兩千人的社區——把照顧小孩的責任交給社區。社區能更有責任、更仔細的照顧小孩。裡面有更多受過教育的護士和醫生去照顧小孩；老師可以在那兒教書。小孩不會被寵壞。

他們會比現在的小孩擁有更開放的想法。我們的小孩擁有很狹隘的想法，因為他們依附著家庭。五個人或七個人——那就是他們的世界。

曾發生過：

我家附近有個寺廟，寺廟和我家中間的土地，技術上而言，我的父親可以贏得訴訟拿走那些土地。但事實上，那些土地屬於寺廟的。那是法律面和技術面的問題。

我對父親說：「如果你告那間寺廟——我和那間廟無關，但如果你告那間寺廟，我會成為它的證人，因為你是在利用技術上的錯誤。那些土地不屬於你，你知道的。不只我會和你對抗，我還說服了你的父親，我的祖父。他會跟我一起作證，因為他們可能不會在意我。我還很小」——我大概十歲——「他們可能不會在意我，所以我說服祖父。他跟我一起。所以有兩代在另一邊反對你。你必須決定。」

他說：「你和我父親談過？」

我說：「當然。因為這件事很單純。土地不屬於我們。只是因為在寺廟的資料裡沒提到土地屬於他們的。但不要占這個技術失誤的便宜。」

他說：「但我從未聽過任何人的兒子作證和父親對抗。」

我說：「我不對家庭忠誠。我只對真理忠誠。如果你站在真理那邊，我會和你在一起，但就這件事而言，我無法站在你那邊。」

小孩生活在家庭中注定會對家庭忠誠。然後他們就不會在乎是否公正公平，他們只是對抗。人們持續對抗好幾代。

有一個家族住在我家前面，和我家是世仇。我是第一個進去他們家裡的……

他們很震驚。他說：「你要去哪？」

我說：「我帶著友誼的訊息來到你們這兒。我不知道誰是在對抗的人。我甚至不知道名字。我知道我的祖父和父親的名字。其他就不知道了。這已經持續十代了。你記得幾代？你可以告訴我名字嗎？你可以告訴我誰開始這一切無意義的事嗎？我們沒談過條件。我帶著友誼而來。我邀請自己參加你們的晚餐。」

他說：「這很奇怪，但也許你是對的。歡迎你，但你問過你父親嗎？」

我說：「不需要。我想做什麼，我就做，然後再告訴他。他可以表達他的看法。那不會有什麼不同，我已經做了我想做的。我知道他會問：「你為什麼不先問我？」但那是我的問題，你們不用擔心。」

他們很快樂。小孩很快樂，因為那是很奇怪的。他們就住在對面，我們看得到彼此，但我們不能和他們的小孩說話；他們不能和我們說話。我們去同一間學校，但我們沒有和對方說話，我們是敵人。而你不知道原因。小孩很快樂；那是個慶祝。

我父親回到家後被告知我進了對面那個家族的房子，我已經快兩小時沒出來。他說：「無法相信。我們已經十代沒講過話。現在他跨越那個界線，等他回來再說。」

當我回家後，他很生氣，他說：「你為什麼不先問我？」

我說：「很簡單，因為我想要這麼做。現在你可以表達你的意見。我知道你會說不，所以問你有什麼意義？我沒有做任何錯事。我建立了一個美麗的友誼，我也為你打開了大門。我邀請他們明天來家裡晚餐。」

他說：「什麼？」

我說：「沒錯。我在那兒吃過了——我邀請自己去他家。現在為了回報，你會怎麼做？我至少該做到這麼多。」

他說：「我的天，那我明天得離開房子。」

我說：「你不能去任何地方。你必須在這兒接待他們，因為這是愚蠢的——十代以前，誰知道誰是對的或錯的？那些笨蛋已經死了。我們為什麼要聽從那些死人，只因為我們是他們的後代？」

家庭只能對很少的人做出承諾。社區使你免於承諾的束縛。心理醫師說如果小孩可以免於家庭的束縛，那有百分之九十的心理疾病會消失。你會驚訝的知道這兩件事是相關的。

如果小孩不再是家庭的一部份，百分之九十的疾病會消失，因為是家庭創造出各種問題。它使小孩成為基督教徒、印度教徒、回教徒、佛教徒；共產主義者、社會主義者；它給小孩各種使人們分別的信仰。而且最根本的是，每個男孩心裡都攜帶著母親的形象，每個女孩心裡都攜帶著父親的形象。她的一生都會從丈夫裡面尋找父親的形象以求滿足——而那是不可能的。而男孩會從妻子裡面尋找母親的形象以求滿足。

他的母親會是他知道的最完美的女人。他的妻子應該是同樣完美的。現在妻子的出現不是為了當你的母親，你在這兒也不是要當她的父親。但除非小孩生活在一起，這些想法才會被摧毀——不是在家庭中，而是在整個社區的監護下。他們將不會有任何形象的概念，他們不會期待妻子應該是這樣，丈夫應該是這樣⋯然後無數的衝突會消失。

家庭不會有未來。社區會有未來，只有社區可以使你如此自由以致於婚姻變成非必須的。兩個人決定生活在一起——他們住在一起。他們決定分開——然後就分開。

法律不會介入；政府或社會和它無關。那是兩個人之間的事情！為了照顧他們的小孩，他們都會對社區有貢獻。即使那些沒小孩的人——他們也會對社區有貢獻，因為所有小孩都是他們的小孩。一種廣闊無邊的感覺：每個小孩都被社區關愛著：每個相當他父親年紀的人都會是他的伯伯；每個相當他母親年紀的人會是他的阿姨。我們給他更龐大、更豐富的經驗。透過這個更豐富的經驗，他會是擁有多層面能力的人。

男人的自由是完全需要的，就跟女人一樣。他們應該一起思考如何成為自由的。不需要對抗，因為來自於對抗的一切，裡面都有種醜陋。

自由應該是來自了解。所有有智慧的男人和女人應該一起試著了解全世界的問題以及如何解決。我不認為有很多問題。問題很少——可以很容易就解決。

奧修，我感謝這個美麗的存在使你和我們在一起。我感謝你不是其中一個渡津者或對一般人非常遙遠的神的化身，以致於除了敬畏祂們、從遠方膜拜祂們，沒別的事能做。你教我們感謝存在給我們的一切。但我怎能感謝那些沒有這種了解的人？特別是那些反對你的人和摧毀你的工作的人。你是否可以評論？

存在是非常慈悲的。它不是漠不關心的，它不只是個旁觀者。但你必須能察覺每件事的深度。例如，你愛我不是因為我是救世主、先知或神，你只是把我當成跟你一樣的人。你擔心有些人反對我——不用擔心。這就是存在運作的方式。

存在的方式總是為每個論點創造出對立面。只有這樣才能讓某件事變重要。如果沒人反對我，那我說的話會是沒有任何效果的。我要愛我的人和反對我的人是均等的——那就是存在做的——他們是勢均力敵的，沒有任何人是漠不關心的：他會是朋友或是敵人。

我感謝兩者，因為他們都為我工作。朋友用這個方式工作著；敵人用另一個方式工作著。你必須了解那個深度——對立者是互補的。敵人也有其效用——事實上，效果會勝過朋友。朋友可能會在他們的愛、寧靜、沉默、靜心中保持沉默，但敵人無法靜靜的坐著。他們必須從早到晚談論我；他們必須從早到晚都夢見我；無論是否有人聽從，他們都必須反對我。他們是我的廣告代理人。

第二十三章
沒有開始——沒有結束

奧修，很多人在試著了解原初的狀態時感到困惑：為什麼最終的，也就是一，在創造開始後會立刻變成二？也就是正面和負面、雄性和雌性等等。那個最終的，也可以創造出雄性—雄性的基礎或雌性—雌性的基礎，或這兩者同時存在的基礎，有個神智學者說過，在萬物被創造出來時，人類的雄性和雌性出生時是連在一起並且用四隻腳行走的。當然，那個最終的，可以用不同的方式，也就是現在我們知道的方式，來解決繁衍的問題。

對於頭腦而言，這是個可以回答的問題嗎？或者最好讓它成為不可知的？

有很多問題是人類自己創造出來的；它們沒有任何根由。

第一，人類以假設為開始，漸漸的，他忘記假設並不是真實的。例如，關於最終的——開始是一，為什麼後來變成二？那是人創造出來的——整個想法。

沒人可以談論任何關於原初的，因為沒人親眼看到，如果有誰親眼看到，那它就不是原初。見證者在那兒——原初和見證者的存在之間一定還有一段時間。那是單純的、合理的、邏輯的推論，關於原初的一切談論都會是胡扯。

基督教說一開始只有文字。現在這是愚蠢的，因為「文字」的意思是有意義的聲音，但除非有誰給予意義，否則意義不可能存在。

有一點可以確定：剛開始不會是文字。如果他們說是聲音會比較合適——但只是比較合適，不是正確的。如果剛開始是聲音，你需要有個可以聽到的耳朵。沒有耳朵就沒有聲音。就科學而言必須如此，你必須了解。

例如，你看到我的袍子是綠色的。這是科學其中一個奇怪的地方，它必須發現當光照到每樣東西時⋯光包含七個顏色⋯

當光照到我的袍子，它會吸收所有顏色，除了綠色之外；那表示這個袍子不是綠的。只是表面看起來是，因為它不吸收綠色，所以綠色的光會撞擊你的眼睛。其他顏色都被吸收了，所以它們不會撞擊你的眼睛。只留下綠色；它撞擊你的眼睛，所以你的眼睛以為它是綠色的。這袍子可以是任何顏色，但不會是綠的，事實上它沒有顏色——只有當光照到它時會依據它的吸收性決定。

但如果你閉上眼睛，我和這袍子都不會是綠的。你所有的衣服都會沒有顏色，因為顏色要存在，雙眼是需要的。

從不同的角度看⋯一般認為瞎子活在黑暗中——那是完全錯誤的。瞎子沒有眼睛；他看不到黑暗。你需要眼睛才能看到黑暗，如果你可以看到黑暗，還有誰能阻止你看到光？瞎子對光或黑暗一無所知。聾子對聲音和寧靜一無所知。沒人在那兒但有聲音——不可能，科學上是不可能的，因為聲音需要耳朵才能存在。除非撞擊到耳膜，否則不會聽到聲音。

如果他們選擇寧靜會更好，但仍是不對的，因為寧靜需要某個人去感受。如果沒有人，寧靜就不存在。

我試著要告訴你的是，一開始是一的想法是個假設。事實上，一不能沒有二而存在；二不能沒有三而存在；三不能沒有四而存在：一直下去。如果一存在，表示是無窮數字中的一個數字；否則一沒有意義。你會給一什麼意義？

你可以說它不是二，但你已經把二帶進來了。你可以說它不是三，但你已經把三帶進來了。

這些都是假設，一旦我們接受它們，那就會創造出一千零一個問題。然後問題出現：如果一開始只有一：

發問者曾是尼泊爾駐英國的大使。他受過很好的教育，但他沒意識到一個單純的事實：誰告訴你一開始是一？你憑什麼認為最終的有一個開始？誰告訴你曾經有過開始？

對我而言，未曾有過開始。存在一直在這兒，將不會有結束。存在將會一直在這兒。改變也許會一直發生——新的外形、新的存在——但存在的內在核心是永恆的。所有對於原初的談論都是幼稚的。但這就是問題——一旦你接受一個假設而不質疑它，你會陷入麻煩。

那就是神智學者的問題：他們認為那個最終的有一個開始：然後他們必須同意曾有某段時間的人類出生時是連體的，用四隻腳走路。那不是神智學發展出來的，神智學是近代的運動。它是從本世紀開始發展的，現在已經消失了。不再有任何重要性。

耆那教是世界上最古老的宗教。它也有一種類似的理論——稍微不同，但想法都根據同樣的假設。耆那教相信在一開始，satyuga，真理的時代，每個小孩會與其伴侶一起誕生——一個男孩和一個女孩，同時誕生；他們是雙胞胎，不是連體的。男人和女人是連體的，用四隻腳走路，看起來會很醜陋。我不認為這是種進化，它看起來更像是卡通，而不是心靈面的思想體系。

耆那教有一個更好的概念：男孩和女孩是同時誕生的。他們不是兄妹；他們是丈夫和妻子。那就是為什麼梵文的 bhagini 有兩個意思。很奇怪：一個意思是妹妹；另一個意思是妻子。後者的年代比較悠久，但人們很快發現到如果雙胞胎結婚，他們的小孩不會存活。即使活下來也會是虛弱的、智力遲鈍的，會有某個生理上的缺陷。

當他們發現後就立刻停止這種行為。然後被用來表示妻子的 bhagini，開始有了新的意思：妹妹，兩者相差很大。但在梵語字典中仍然看到這兩種意思。

這個字基本上是很美的。它表示兩個人都在同一個子宮裡面過。它沒提到時間——他們是否同時共用子宮——但他們待過同一個子宮。人們決定它的意思應該是妹妹，當雙胞胎開始結婚，那會是醜陋的。但他們認為那是自然的恩賜，自然已經選擇誰會成為你的妻子。因為世界這麼大，你會知道為你而誕生的另一半是誰嗎？最好的方式就是讓兩者同時誕生。但遺傳學和婦科學的研究則認為——男人和他的另一半應該離彼此越遠越好。然後他們的小孩在心理上、生理上、心靈上都會是比較優秀的。

我們把這方式用在動物上，但我們並不了解其科學上的意義。我們讓動物雜交：你讓英國的公牛和你的母牛交配。如果你是科學導向的，你會為了女兒而去遙遠的國家尋找她的丈夫，你會為了兒子去遙遠的國家尋找他的妻子，這樣就不可能有血緣關係。那會提升人類的特質：年齡、智力、健康和一切。但關於一為什麼變成二的想法：它從未變成二；它一直是二。

為什麼對於二有這麼多困擾？二是互補的。他們形成一個有機的整體，但他們不是一。存在是辯證的。它利用對立方形成張力。現在發問者問為什麼上帝沒有只創造男人，為什麼不讓整個存在都以同樣的種類進行進化。但這樣的存在會是非常無趣乏味的——無論你到哪兒都只會看到雄性：馬、大象、駱駝——都是雄性。你不會找到任何有吸引力的，因為吸引力需要差異。而對立方、另一個極端、是最具吸引力的。

存在是辯證的：是雄性—雌性的；正—負的。最近發現在非洲和歐美的其中一個最危險的疾病正在蔓延——愛滋病。沒有任何疾病可以和它相比，因為沒有解藥，科學家幾乎確定不會有解藥。人會在兩年內死掉，最多兩年。

一般而言，會在六到八個月內死掉。如果在嚴格管控的環境下，也許可以存活兩年。死亡是肯定的。這個疾病透過同性戀發生，那就是你問的：為什麼神，那個最終的，沒有只創造單一物種，男性－男性。

這個病來自男同性戀——一個男人和另一個男人做愛。似乎有某個部分是非常違反存在的。

科學家還無法做出是什麼造成愛滋病的結論，但我的了解是當一個男人愛上另一個男人，這兩個男人裡面的女性面會開始死去，因為她不會再得到任何養分。她被忽視了，她在萎縮，漸漸的，她死了。當你裡面的女性面死了，一半的你也跟著死了。

你變成只有一半活著。另一半是你用來對抗疾病的，那是你有機體的支持。現在你不再有任何支持。你不再和自然的辯證有任何聯繫——這就是愛滋病的原因。病人無法抵抗各種疾病，他沒有可以對抗的；他會得到任何傳染病。他無法和任何傳染病對抗；沒有藥可以治好他得到的傳染病——他幾乎像鬼魂一樣活著。

我也擔心女同性戀，特別是西方——女人愛女人。她們遲早會帶來比愛滋病更危險的疾病。

花了很久時間才使愛滋病出現。男同性戀一定跟你們的宗教一樣古老，因為宗教是男同性戀的起源。他們強迫男人成為修士，和女人分開來。女人變成修女，但她們不會遇到修士，她們必須分開生活。所以男同性戀和女同性戀都是被你們所謂的宗教創造的。這都要歸功於你們偉大的宗教。

但花了好幾千年才讓愛滋病出現。也許是因為女人更強壯……她確實是。她比男人強壯。所以還需要幾百年才會讓比愛滋病更危險的疾病去攻擊女同性戀。但它會發生——和自然對抗是無法存活的。你可以對抗它。它給你足夠的選擇和自由。你可以用來讓自己的心靈成長，也可以用來摧毀自己。

他還問到……也許他認為男人和女人做愛的方式是醜陋的，於是他問那個最終的，是否有創造出其他繁衍後代的方式。我要講一個故事……

在二十一世紀，有一對很喜愛冒險的伴侶去參加太空旅行。他們抵達一個星球，那兒有某個跟人類一樣活了好幾千年的物種。他們很高興。他們進了第一間看到的房子，那兒的人們很大方、很有愛心——他們提供咖啡。於是他們喝咖啡和聊天。然後兩對伴侶，來自地球的和這個星球的，都對於彼此的世界如何生小孩感興趣。

來自地球的伴侶感到尷尬，他們說：「先讓我們看你們的方式。」

他們說：「那很簡單。」

他們打開冰箱……

來自地球的伴侶很驚訝：「他們在做什麼？冰箱和生小孩有什麼關係？」

……他們拿了兩個瓶子，一個裡面裝了綠色液體，另一個裝了紅色液體，然後他們把液體都倒入一個大瓶子。

來自地球的伴侶笑著說：「你們在做什麼？你們瘋了嗎？」

他們說：「這就是我們生小孩的方式。現在把這大瓶子放在冰箱裡九個月，然後你就會有個嬰兒——你從瓶子裡面把他取出。」

來自地球的伴侶說：「我的天！這是我們泡即溶咖啡的方式。你們的方法好奇怪。」

他們說：「對你們而言很奇怪，但這就是這個星球的方式，現在讓我們看你們的方式。」

他們只好表演，因為他們承諾了。他們都感到有點尷尬，但不害怕，因為沒有地球人對這些人做過⋯⋯笨蛋，把液體倒入瓶子等九個月⋯⋯他們無法相信這樣就會有嬰兒。他們脫了衣服開始做愛。

外星球的伴侶開始大笑。他們無法相信：「你們在做什麼？」

男人在女人上面做伏地挺身！

他們說：「你們這兩個笨蛋！這是我們泡咖啡的方式！這不是生小孩的方式！」

我認為就這情況來看是完全沒問題的。事實上，用這個方式泡咖啡會有點危險。聽到這是他們泡咖啡的方式，來自地球的伴侶感覺很差，因為他們已經喝了咖啡！

存在是辯證的。

從未有過一，以後也不會有一。它知道某種一體性，但那是二的有機體結合。

沒錯，像佛陀這樣的人知道一體性，但那也是辯證的。他內在的女人和內在的男人結合成為一個深深的、有機的統一體。從外在你只有看到他——但他不是單獨存在。在存在中，沒有任何東西可以單獨存在。你需要對立方的支持才能存在，不論對立方是外在的或內在的。如果你可以從內在得到支持，那你會得到極大的自由，你不再依賴對方。

透過內在的統一體，你無法生育小孩，但你可以持續誕生出自己；你可以不斷讓自己新生。每一刻都變成一個新的誕生，然後你在寧靜中、沉默中、喜樂中、狂喜中飛得越來越高……而且不會有盡頭。

天空也許有盡頭，但你裡面心靈的有機統一體的成長沒有盡頭。但記住，那是兩個對立的、位於二端的有機統一體。

每個男人也是個女人，每個女人也是個男人。所以你可以達成內在的統一——那是真正的禁慾。宗教一直教導禁慾——我譴責這點，因為那不是禁慾……放棄、憎恨、遠離女人……

也許因為憎恨男人或女人，你也會開始憎恨所有你裡面的女性或男性。你也許永遠無法接受內在的女人。如果你無法接受外在的女人，那你要如何接受內在的女人？你會試著用各種方式殺掉它。但這樣會是自殺。不會是心靈的成長，而是心靈的自殺。

那就是我從你們的聖人身上看到的。看著他們的雙眼，你不會看到任何生氣。看他們過的生活，你不會發現任何喜悅。看著他們的存在，你不會找到任何舞蹈或歌曲。一切都是死氣沉沉的。他們的身體變成了墳墓，他們拖著自己朝墓地前進。他們唯一倚賴的是你對他們的尊敬。那使他們得到足夠的自我——而那是完全虛假的，但你持續給予，不知道是在幫他們自殺，你也是幫兇，你在犯罪。

整個想法都得扔掉。不會有任何開始。怎麼會有開始？這一切從哪來的？如果你可以從某個地方得到這一切。那這就不是開始。存在著可以得到這一切的地方、負責這一切的承包商、隨時可以供應你需要的一切的供應商：

你認為透過什麼都沒有的狀態會有個開始嗎？也不會有結束，因為這一切要消失去哪？科學家說你甚至無法摧毀一粒小石頭——沒辦法。你可以把它切成更小塊，但它仍然存在。你可以做任何你想做的，但它會一直以某種形式存在。你無法摧毀它、無法使它什麼都沒留下。這是現代科學其中一個最重要的發現——沒有任何東西是可以摧毀的。如果沒有任何東西是可以摧毀的，那就能得知另一件事：不可能創造任何東西。如果你不能摧毀任何東西，那你也無法創造。

我們沒有成功的創造任何東西過。我們做的只是結合。你可以透過結合氧和氫而得到水，但它們仍然在那。那不是創造，只是組合。

你從某個地方拿某個東西，從另一個地方拿某個東西，然後你得到一個新的東西——但它不是新的。從未有過任何創造，也不會有任何摧毀。沒有在創造的神，沒有一個最終的存在透過辯證的方式在運作這個世界。

存在是獨立存在的，它是永恆的。但神智學者和哲學家的問題是他們設計了名字，但他們忘掉那只是個設計、想像的。他們持續提問，然後他們持續回答，創造一個巨大的體系。

我研究過整個哲學體系，也浪費了幾乎一生去研究全世界的所有體系，它們只有一點是相像的，就是它們沒有任何根基。它們的根基只是假設。

如果你接受他們的假設，那他們的整個體制看起來會是很合理的、深奧的。他們都害怕你會問任何關於根基的問題，因為他們沒有答案。而根基會是第一個需要問的。每個體系的差異並不大，因為它們的根基都是假的；差別只是名字的不同。某個人稱為絕對的，某個人稱為最終的，某個人稱為神或其他名字。這些名字都是想像的，透過改變名字不會有任何事改變。

只要去看——如我對你說的，聖經說：「一開始只有文字……」而第二句和第一句是牴觸的：「文字與神同在……」

沒有任何基督教徒敢質疑第二句，第一句被否定了。「一開始只有文字……」第二句是「文字與神同在……」所以文字不是單獨存在的。第三句則說神就是文字。

你看不出那個矛盾嗎？——如此明顯。為何不直接說：「一開始只有神」？為什麼說「文字」？「文字與神同在……」最後，才談到重點：「文字就是神。」為什麼繞來繞去？前兩句是無意義的。應該說：「一開始只有神。」

但為了保護神，不讓神被質疑……人們會質疑文字，因為文字而為難，所以他們創造了關於文字的偉大哲學，還有文字為什麼存在。他們為了可憐的神做了防護措施。但任何有眼睛的人都不會被騙。我想到……

常有個印度教聖人會到孟買，他有很多追隨者。他到那兒去做晨間演講，有一個很富有的女人和她的小孩坐在他前面，那小孩突然說：「媽咪，我想上廁所。」
每個人都笑了，因為那個演講是關於吠檀多，最終的神，而這男孩突然提到廁所。
母親試著拉住他：「坐下來。」
他說：「不行！我想尿尿。」
每個人都笑了，那個聖人感到尷尬。但女人很富有，所以他不會說什麼。而且他在她家裡作客，他已經在那兒作客很多年。但演講過後，他私下對那女人說：「妳應該教小孩一些禮節。在宗教聚會上提到廁所和尿尿，那會造成很大困擾，以致於我失去了威嚴，人們一定忘掉所有我講的偉大事情。那個男孩真的是個惡魔。妳不能再帶他來，或者妳要好好教他。」
女人說：「他堅持要來。而他是我唯一的兒子，我無法讓他在家哭泣。我會無法靜靜聽你講話，因為我會想到他在家哭泣。」
聖人說：「我教妳。妳只要告訴他，如果想上廁所，不要說想尿尿，妳可以教他把尿尿這個字換成唱歌：『媽咪，我想唱歌。』沒人知道怎麼回事；那會是個密語。這不難。讓他知道：除非你這麼做，我才會帶你來；否則不行。」
男孩同意了。他說：「這沒問題。每當我想上廁所，我會說我想唱歌。記住，別忘了！」
一年後，聖人回來了。他在同一個女人家中作客，到了傍晚，女人說：「我遇到麻煩。我有一個妹妹生了重病，我必須去看她。我可能無法在晚上回來。小孩自己一個人。如果你讓他跟你睡同一張床，那會是莫大的恩惠，因為他從不單獨睡覺。」

聖人說：「沒問題。」

然後女人出門了。

到了午夜，小孩搖了聖人說：「我想唱歌。」

聖人說：「你瘋了嗎？這是唱歌的時間嗎？在午夜打擾所有鄰居…？閉嘴，去睡覺。」

男孩安靜了幾分鐘。他說：「很難閉嘴。你必須讓我唱——它要出來了。」

聖人說：「胡說八道。我整天都在教導人們，而你半夜不讓我睡覺，你母親讓我照顧你。去睡覺。如果你想唱歌，早上再唱！」

他說：「我等不了那麼久。你不了解。我現在就得唱。」

於是聖人說：「你似乎不肯聽從，好吧，但小聲的唱。只要靠近我耳朵唱；呢喃著唱…沒人聽得到。」

男孩說：「我警告你。」他說：「不要說我沒講。你似乎不知道唱歌的意思。」

聖人說：「你以為你懂得比我多？你只要唱任何你想唱的。唱完後去睡覺！」

聖人睡到一半因為男孩對他耳朵唱歌而跳了起來…他說：「我的天！你把這叫做唱歌！」

他說：「這是你的教導…你告訴我母親…否則我總是說實話。你使我成為偽君子，現在受苦吧。」

聖人說：「你難道不能先告訴我唱歌的意思嗎？」

他說：「這就是重點——隱藏事情的含義。我以為你一定知道，那是你的建議。」

你可以改變文字，但你無法改變事實。你可以把它稱為唱歌、跳舞、任何事，但如果它是尿尿，那就是尿尿。

我的方法是完全科學的、存在性的。我不做任何假設。我甚至不能告訴你存在有個開始，因為我沒親眼看到。我不認為有誰親眼看到；那會是矛盾的。如果沒有開始，那也不會有任何結束。任何事要有結束，必須要先有開始。

我也不認為繁衍的方式有任何不適合；它是完全沒問題的，除了你們一直譴責性的所謂的宗教人士。性沒有什麼要被譴責的。它是神聖的，因為它帶來生命。它使你誕生。使佛陀誕生……它使我們為之驕傲的一切誕生。

你持續譴責那個源頭。你想要有些變化，但要什麼變化？任何變化都會被質疑。所以我不認為質疑這個有什麼意義。

我接受自然的本來狀態。我帶著感激和感謝接受。它是有史以來最美麗的存在。

奧修，隨著成長，一個人的想法會逐漸改變。你對於性到超意識的看法仍然一樣嗎？請評論。

也許你不知道有兩種成長。大部分的人只是變老，少數人才會成長。我屬於第二種。我不變老，我只是成長。

身體會變老，但身體和我的想法無關。我的意識會成長。和以前相比，我對於性和超意識有更深入的看法。關於我的一切不斷進化著，但我以前說的一切會變得更深奧、更完整。現在我有更多論點——那就是成長的意思。沒有任何改變，一切只是變得更清楚，更穩固、更確定。

我一直講話——因為我從沒看過我的書——沒再次去看過，以便你不會看到任何矛盾。雖然我已經非常偏離那些想法，但它仍支持那些書，而不是反對它們。

我成道後說的一切都是不變的。它會進化、成長、帶來更多花朵、使根部更深入土壤，但它的特質和感受仍然不變。

我希望我的桑雅士會學著成長，不只是變老。即使動物也會變老——水牛、驢子——每個人都會變老。成長是人唯一的特權、優勢。

身體有它自己要走的路線，但你的意識可以持續成長，即使當你垂死時，即使當你死了，意識都能繼續成長，無論你處於任何狀態。成長是永不停止的。

奧修，先知說過——師父是創造者、保護者和摧毀者。我無法理解這怎麼會是對的。請指點我。

印度教的神話有些部分等同基督教的三位一體。稱為三神一體，神的三個面貌——梵天、毗濕奴、濕婆。這不是三個形象，而是一個神的三個面貌。

梵天創造了世界；毗濕奴維持它、保護它、給它養分；濕婆則摧毀它。這是一個循環。然後另一個循環開始了：梵天再次創造，以此類推。那只是個神話，但神話對人腦有這麼大的影響以致於看起來很可笑。

梵天是世界的創造者，但印度只有一個廟膜拜梵天。因為誰在乎祂？祂已經做完工作了，沒有用了。祂也許是個神，一個偉大的神。祂創造了世界，但不再有人膜拜祂。只有一間廟在膜拜祂。你可以了解人們的頭腦。

我不會談論神學部分，而是談論它的暗示。大部分的廟膜拜毗濕奴或祂的化身——克理虛納、羅摩——這是毗濕奴的化身。大部分的廟膜拜毗濕奴是因為祂有權力，所以必須膜拜。現在祂是一切，祂可以做到一切，改變一切——祂是全能的。

濕婆也有數百萬尊雕像，但膜拜祂的廟不多。那也是很有意義的。膜拜毗濕奴的廟是非常富有的、雕刻精美的、講究技藝的。濕婆是最可憐的神。你可以找到任何斧狀的大理石，把它放在樹下就變成濕婆的廟。

誰在乎死亡和摧毀？但人們是膽小的。所以偶爾放幾朵花是可以理解的。但沒有任何偉大的廟是膜拜濕婆的。祂住在樹下、烈日下、暴雨下、寒冷下。人們膜拜祂是因為恐懼。恐懼永遠不會變成膜拜；交易也不會變成膜拜。毗濕奴是人們的一種交易；而濕婆是死亡之神、摧毀之神。必須友善的對待祂——祂是危險的。

你可以找到另一個例子——你可以在印度所有商人的書中看到。尼泊爾一定也一樣——每個商人的書都以 Shri Ganeshaya Namah 開始——甘尼夏是濕婆的兒子。為什麼全印度的書，只有印度教有影響力的地方，都以 Shri Ganeshaya Namah 開始——我向偉大的神——甘尼夏頂禮？其他的神都被忘了。因為甘尼夏原本是很壞的傢伙——祂常傷害、打擾人們。為了使祂冷靜和安定——「請不要干擾我們的生意」——人們開始讚美祂：Shri Ganeshaya Namah。不是因為尊敬，那是賄賂，因為祂是大破壞神。祂是摧毀之神的兒子，祂常常到處惡作劇。祂會破壞人們的婚姻、生意，所以每件事都必須先以問候甘尼夏開始。

這不是宗教。這是在說服甘尼夏：「不要打擾我們——我們站在祢這邊。我們不是祢的敵人，我們是膜拜祢的人……」神話故事不是真的——你可以去看甘尼夏，然後就知道這不是真的。甘尼夏是象首人身。這不可能。除了上述胡扯之外，有大象的頭和大肚子，因為祂喜歡糖果——而且坐在老鼠上面！那是祂的坐騎。你可以想像嗎？這有可能嗎？那隻可憐的老鼠如果要背整車東西早就死了。

但人們從未質疑他們的神話故事。梵天、毗濕奴和濕婆也一樣——只是人腦創造出來的。世界從未被創造，所以不需要任何梵天。它也不會被摧毀，所以不需要濕婆。兩者之間則是毗濕奴。

世界是獨立自主的，不需要誰去維持它。但全世界的人都被奇怪的神話故事支配著。他們付出無數時間、金錢、藝術家去為這些想像興建廟宇。然後看著人們膜拜他們自己想像出來的神是如此可笑。

我父親曾帶我去附近的一間廟。那是很美的耆那教廟宇，裡面有一尊古老的、站立的馬哈維亞雕像。我喜歡這間廟的寧靜、雕像、它的工藝。但我從未想膜拜它。雕像必須被當成一個美麗的藝術品，沒有膜拜的問題。你不會膜拜畢卡索的畫。

我父親會對我說：「你必須膜拜馬哈維亞，因為祂相當於耆那教的最高神祇。祂有同樣的特質。祂是全能的、無所不在的、全知的——可以看到一切：過去、現在、未來。」

我對他說：「說實話，我看過一隻老鼠在祂頭上尿尿，而你偉大的馬哈維亞卻無法做任何事。也許因為祂無法看到自己頭上。全能的？無所不在的？祂甚至無法趕走老鼠？我自己親眼看到，如果你想要看，我可以跟朋友拿一隻白老鼠，我可以讓整個情況再次發生。我可以帶另一個朋友來，他是攝影師，我們會把照片發給全村的人：『這就是你們全能、全知、無所不在的神——現在停止膜拜！』如果祂對老鼠無能為力，那能為你做什麼？」

他說：「不要這麼做。如果你不想膜拜，就安靜。」

我說：「你才要安靜。這只是讓你知道以後不要騷擾我、要我膜拜。」

這是人創造的——美麗的。應該放在博物館，但不是用來膜拜。你可以膜拜全宇宙，那不是人創造的——晚上的星辰，早上的日出，傍晚的日落，飛翔的鳥兒……但我從未看到任何宗教人士膜拜那些非人造的、擁有無限美的、如此有生氣的一切。我們是它的一部份，而你卻膜拜一顆你命名的石頭。

但你的問題是先知說師父就是一切——他是創造神梵天、保護神毗濕奴和破壞神濕婆。這是有史以來最醜陋的話語。這些先知是在說自己是師父。你膜拜他們是因為他們具有這三個特質。他們是梵天、毗濕奴和濕婆。

這是最醜陋的部分。如果這是某個弟子寫的，那可以理解——因為他的感激。但這些是導師、所謂的師父寫的，他們已經存續了好幾世紀。沒人質疑這種自我稱讚是醜陋的、噁心的。

我聽說有一天，穆拉納斯魯丁進了餐廳宣稱：「我妻子是世界上最美的女人。」每個人都很震驚，大家都認識他的妻子……人們聚在他周圍說：「穆拉，你收到神的訊息嗎？誰告訴你的？她是被選上的宇宙小姐嗎？你怎麼了？為什麼會說這種話？」

他說：「並不是她被選上，她自己對我說的。我是虔誠的僕人。我相信她說的一切。她說她是最美的女人，我說完全正確；我會去告訴我朋友。」

先知對你們說他們比梵天、毗濕奴和濕婆還優秀，因為那些神都只有一種特質，而他們同時具有這三種特質。

對愛著師父的弟子而言，把師父稱為神是可能的，因為這是他這一生中初次看到某個神性的。但如果師父自己宣稱他是神會是可笑的。那完全不需要考慮。

那些先知只不過是愚蠢的。這種聲明會讓人以為他們是笨蛋。這太自我了——你找不到比這更自我的。這些人在教導人們放棄自我，而他們卻是世界上最自我的人。

我要告訴你，任何要你膜拜他的師父就不用再把他當成師父。真正的師父只會是個朋友，不是神。

對弟子而言，感受到師父的神性是可能的——但那是另一回事。

奧修，現在世界上是否存在任何真正的師父？請給一些光指引我們。

你看不見燈光嗎？

第二十四章
世界就是你所是的

奧修，我內心對你充滿了尊敬，想要奉獻一切。漸漸的，內在的某個部分敞開了，發展出和你的友誼。我必須透過奉獻才能成為你的朋友嗎？我想要繼續尊敬你，同時達到尊敬和奉獻。

它們只能同時存在。和師父之間的友誼不是一般的友誼。裡面帶著崇敬、愛、奉獻和極大的感激。那是個多層面的現象。

一般的友誼是世俗的、平凡的。心靈上的友誼不屬於這個世界，它是屬於彼岸的。我不得不使用世俗中的字，因為沒有別的字可用，所以你必須警覺和意識到任何我說的話在字典中是看不到的。它是更多含義的、非常豐富的。

文字是渺小的、非常柔軟的，而經驗是巨大的、無限的。我可以從你裡面看出這不只是智力上的問題，你的心感到很大的痛苦，因為你以為友誼的意思是你必須略過奉獻、尊敬、崇敬，但你的心不想這樣。

聽從你的心，不是字典。

心從不說謊；頭腦則從不說真話。頭腦是偉大的演說家，心是非常沉默的，但它也透過淚水表達自己。

你的問題非常重要，因為它來自於心。心感到痛苦，因為頭腦用一般的意思解釋「友誼」這個字，但忽略了心。心是充滿淚水的。那些淚水是珍貴的。

頭腦的了解沒有意義。在心靈的世界裡，要聽從的是心。你的心給了答案。我只是再重複告訴你，以便你更清楚。

和師父的友誼包括了其他關係中所有美麗的一切，排除了我們人際關係中所有醜陋的一切。它是純粹的精華，所有人際關係的芬芳。它包括了一切，但是是最好的部分，精華的部分。

所以不用擔心，慶祝這發生在你身上，你的心可以強大到不讓頭腦決定。你的心強大到可以成為主人，並讓頭腦只是僕人。

奧修，當師父站在門邊，弟子該做什麼？

這個問題是一個很聰明的人提的——也許是個教授。這是來自頭腦的問題。

當師父站在門邊，那已經太遲了！你什麼都不能做。你不能當著師父的面關上門，你不能邀請師父進來，因為東方的古代經典說師父是死亡——他們說的是真的。

讓師父進來的意思是你的自我、人格必須死去，那是你對自己所知的。因此會有恐懼，因此有這個問題，現在要做什麼？他就在門邊。再一步，你就結束了。但不需要擔心。自我會死去，但本我會重生，那是你的實相。人格會死去，但個體性會誕生，那才是存在性的。人格只是人為的。

師父只會拿走那些不屬於你的。他無法拿走你真正的本性。師父不會給你任何東西，他只會移除所有阻礙，以便你可以發現自己。

我想到一個歷史事件：

世界上最優秀的雕刻家，米開朗基羅，正要經過一條街，那兒有很多店鋪在販賣大理石和各種石頭。他常去那兒尋找好的大理石。在第一間店前面，路的對面，有一個巨大的大理石，外觀很醜，已經放在那兒快五年。他從未注意到。他走到大理石旁，觀察它，觸碰它，然後感到很快樂。他走到店裡問：「那塊石頭要賣多少？」

店主人說：「免費，你可以拿走，因為我放了快五年——沒人想要。我為此支付不必要的租金。我無法把它放在店裡，它太大了。所以我把它放在路對面，某個人的土地上，他為此向我收租金。五年來，你是第一個詢問它的人。無數雕刻家經過，但沒人注意到那塊石頭。你可以帶著我的感激拿走它。你不用付費，因為我受夠它了。」

米開朗基羅想辦法把石頭運回家，他對店主人說：「當我完工後，想要你來看看這塊石頭變成什麼模樣，因為我已經看出來了。那只是敲敲打打的問題。某個被囚禁在裡面的東西在呼喚我，我沒做什麼，我沒創造什麼——只是拿掉不需要的部分。」

然後他創造出最美麗的雕像，也許是世上最美的——瑪麗把耶穌從十字架上弄下來的雕像，瑪麗坐著，耶穌在她的腳上死去⋯全身像；那石頭很巨大。他花了一年的時間，當工作結束後，他請店主人來參觀。店主人無法相信那塊醜陋的石頭會變成這麼美的雕像，那是他從未見過的。

但米開朗基羅說：「是瑪麗和耶穌在呼喚我。我進入你的店，它們對我說：我們被關在這塊石頭裡——請讓我們自由。」

那就是每個藝術家工作的方式。在他開始雕刻前，他已經預見它了。然後他只需要移除不需要的部分。師父是世上最偉大的藝術家。他不是對石頭下工夫，而是活人。當他把某人當成朋友，那表示他已經預見了，那個可能性、潛力——你可以變成的。

你選擇了師父；你邀請他了。現在他就站在門邊，而你嚇壞了。你的頭腦一定很擔心。

師父確實是危險的。如果他不危險，他就不是師父。他將會摧毀你裡面的很多部分——然後那個真實的才會被發現。而你問我，當師父在門邊時，你能做什麼。

你只能做一件事，成為一個教授，理智的⋯我想到穆拉納斯魯丁的生平中有一件事⋯

他每晚都會去咖啡廳，在那兒高談闊論和吹噓。那一天他在吹噓自己的大方和好客，有個朋友說：「穆拉，你可以談談別的，至少不要談這些事，因為我們當你的朋友很多年了。

你從未請我們喝咖啡。我們每天都得為你的咖啡付費，還有你在這兒吃的一切。」

他說：「你們沒有提醒我。讓我記得。我是一個處於至高心靈層次的人，我不思考渺小的、平凡的事務——一杯咖啡或金錢，這些對我不重要。你們都沒提醒我。今天你們提醒我了。你們都來我家共進晚餐。整個咖啡廳…朋友、熟人、陌生人…那不重要，每個人都來；然後你會知道我有多大方。」

他們不敢相信，但他提出邀請，於是他們都跟著他，一大群人。隨著越來越接近他家，穆拉開始走得越來越慢。他們說：「怎麼回事，穆拉？」

穆拉說：「你們都知道。你們都結婚了。我也結婚了，所以沒什麼好保密的。我完全忘掉我妻子。只顧著談論偉大的事情。事實上，她早上要我去買菜，現在已經是晚上了，我浪費一整天去談論靈性和偉大的事。我最後跟你們在一起，現在我要和一大群人去吃晚餐，而房子裡什麼都沒有。你們可以了解我的處境。她會殺了我。」

他們說：「奇怪。你應該要記得。我們怎麼會知道？但現在我們不會回頭了。」

穆拉說：「我不會叫你們回去。你們只要站在門口。讓我進去說服我妻子；那需要幾分鐘。我很抱歉，但你們必須等等，因為如果我帶一大群人進去，她會發瘋。」

他們都了解；他們都有同樣的問題。他們說：「好，我們會等幾分鐘。你進去說服你妻子。」

穆拉進去告訴她：「一大群笨蛋跟著我。現在只有妳可以保護我。」

妻子說：「怎麼回事？」

他說：「沒什麼要擔心的。妳只要出去告訴他們：「你們為什麼站在這兒？」他們會說：「我們在等穆拉納斯魯丁。」然後妳就說：「他從早上到現在都不在家。他出去買菜了，我也等了一整天。」」

妻子說：「奇怪……為什麼這麼多人來……」

穆拉說：「但妳必須保護我。這是名譽問題。」

妻子開門出去對他們說：「你們在這兒做什麼？」

他們說：「我們沒做什麼。我們在這兒是因為穆拉要我們在這兒等。」

妻子說：「他從早上到現在都不在家。」

他們說：「這太奇怪了。他跟我們一起來，我們都看到他了——他當著我們面進去房子了。」

妻子說：「你們搞錯了，他不在裡面。」

他們說：「那我們要進去看看，因為他邀請我們來吃晚餐。」

妻子說：「晚餐？」

就在那時——穆拉聽到整個對話；他稍微開了窗，看到了一切。當他們說他們要進來房子搜尋時，他心想：「這會很麻煩。」

於是他對窗外大喊：「你們這群笨蛋。他也許和你們一起回來，但他可能從後門走了。

你們和一個可憐的女人爭執不覺得丟臉嗎？趕快回去！」

現在他忘記自己無法否定自己說的話——那不可能。你不能說：「我可能從後門走了。」那是誰這麼說？但憤怒之下，他們試著要進入房子，可憐的妻子無法阻止他們，而且他一定會被逮到！

你們處於同樣的情況。你可以對師父說你不在家。那就是無數人說的：他們不在家。那不只是笑話，而是無數人的狀況。所有否定靈魂存在的人說：「我不在家。」那是誰在否定？

現在世界上有一半的共產主義者。他們不相信靈魂；他們為此爭辯。我和很多共產主義者辯論過，我很驚訝，他們沒想過一個明顯的地方：是誰在爭辯？

你是有意識的，而你在否定意識。你是有生命的，而你在否定生命的定律。你處於一個很麻煩的情況，你現在不能逃走。那就是為什麼我說太遲了。最好邀請師父進來，因為他不在乎你的邀請，他一定會進去。

他是你的師父。你承認他是你的師父，而且無意識的你也許有很多次邀請他來你這兒，現在他來了。現在沒辦法逃走了。最好接受事實，他將會殺掉你所知道的自己，然後他會使你重生。

蘇格拉底常說師父的基本功能只是帶來新生，但每個新生都必須先經歷死亡。一旦你了解，一旦你有了生和死的經驗，你會活過生命的每個片刻，在當下重生。然後每個片刻都會是死亡和重生，那才是真正的生命。然後你就不會攜帶著已經很多年、很多世的毫無生氣的東西——一個不必要的重擔，使你無法輕盈的、有愛心的、跳著舞的生活著。

如果師父出現在門口，那你是幸運的——只要讓他進去一次，因為以後他就不會來了。接下來你靠自己照著做。你會知道訣竅。

那個死亡、每個死亡，都對新穎的、新鮮的生命打開了大門。如果你想要強烈的活，你必須允許死亡在每個片刻中發生，然後你會經驗到一個全新的生命力、朝氣、能量、新鮮的感受。透過你新鮮的感受，整個存在都變成新鮮的。透過你的朝氣，整個存在都變成朝氣蓬勃的。

我聽說美國最高法院的一個大法官。當他退休，他對妻子說：他們在一起幾乎快六十年。他們是在巴黎度蜜月。他說：「在我死前，我想去巴黎，去我們度蜜月時住過的旅館，同一個房間，曾經遊玩的地方。」

妻子也很興奮。他們都去了巴黎——旅館是一樣的，房間是一樣的，遊玩的地方是一樣的。但老人說：「似乎某個部分變乏味了，老舊的。那不再是同樣的巴黎。我找不到同樣的喜悅、舞動和美。」

他的妻子比較務實——妻子總是比較務實，比較實際。她握了老人的手說：「你錯了。巴黎仍然一樣，也許甚至更美。六十年來，它變得更巨大，更美，更好。但你忘了一點：這不是我們的蜜月，我們已經老了六十歲。使我們變老的雙眼被灰塵和死亡覆蓋，以致於我們無法看到它的朝氣、新鮮和美。不要說巴黎不再是巴黎，應該說我們不再是同樣的人了。」

她說了一個偉大的真理：世界是你創造的。如果你感到沮喪、悲傷、痛苦，你會在周遭看到一樣的事物。如果你是喜悅的，你的心唱著歌，你會看到全世界充滿了歌聲、舞蹈、花朵和芬芳。那依你而定。

所以不用擔心。師父站在門邊是個祝福。只有幸運的人才會遇到。

奧修，Ma Veena 死了，並以新名字 Ma Prem Videh 重生了。她進入了一個感覺很不一樣的新世界。但我有點困惑。是否可以請你談談？

那不只是 Veena 的經驗。那是全世界無數桑雅士的經驗⋯⋯

點化是死亡與生命。點化是和過去斷絕。

你活了一輩子，你經驗到很多事，但你所有的經驗和一生不是個達成。不是滿足的、狂喜的；而是更痛苦、更悲慘。與其說活著，不如說是拖曳著自己。那就是為什麼一個人會開始尋找一種生活的新方式，一種存在的新模式。

桑雅士是個革命。

那只是表示過去的一切結束了，你不想再重複它。你已經重複夠了，那個重複使你幾乎就像機器人。沒有帶來喜悅。每個早晨、晚上都一樣——明天只會是另一個今天的複製品。

你怎麼會想慶祝？每天的度過都使你越來越接近死亡。死亡會來到並抹去你的一切，就像人們在沙灘上寫他們的名字，一個波浪湧來就抹除了一切。

死亡會來到並完全的抹除你，彷彿你從未在這兒過。你知道這兒曾經有過多少人嗎？每個人都坐在至少十個人的屍體上。地球的每一寸土地都是墓地。

我想到一個很有名的蘇菲故事⋯⋯

有個國王無法在夜裡入睡。他翻來覆去，然後他聽到某個人在宮殿的屋頂上走動，他大喊：「是誰？」

那人說：「跟你無關。我在找駱駝。」

國王說：「你似乎是個笨蛋。駱駝不會在屋頂上。」

但那人說：「我確實是個笨蛋，但沒有比你笨，因為你在這個王宮尋求的一切，你父親也曾經尋求過，你的祖父也尋求過。好幾代以來，你們一直在這個王宮尋求，但什麼都沒得到。你在浪費時間，你的死亡快要來到。駱駝有可能在屋頂上，但在這個地方，還有你尋求的方式，那是不可能得到滿足和喜樂的。」

那個聲音是如此權威。國王從未聽過⋯⋯他只遇過僕人、士兵、他自己的人，他們都會說：「是的，陛下。」而這個人從屋頂上喊叫。

國王叫來警衛。到處尋找仍無法找到這個人。

隔天早上，國王坐在王宮裡面思考這個人說的話。漸漸的，他冷靜下來，想到也許他是對的：「那個方式不對——半夜在我的屋頂上——但他說的似乎是有意義的。這個人不可能是瘋子！」

就在那時，一個站在門邊的人和警衛爭吵：「我要在這兒待幾天。」

警衛說：「你瘋了嗎？這是國王的王宮，他的寢居。外邊有一個旅店，你再走半哩路就會看到。」

他說：「我要住這兒！」

警衛說：「但你似乎是笨蛋。你不了解，這裡是一個王宮。」

國王在裡面聽到；那是同一個人的聲音。他對警衛說：「把那個人帶來。我一直在找他。」

他看著那人說：「你不就是在屋頂上找駱駝的人嗎？」

那人說：「你恢復理智了。沒錯，是我。我必須這麼做，這樣你才曉得屋頂上不會找得到駱駝，王宮裡面也不會找到喜樂。」

「我以前來過這兒，有另一個人——你還不在這兒——他也說這是他的王宮。更早之前還有另一個人，他也說這是他的房子。現在你也這麼說。我可以保證，我下次來會遇到另一個人說同樣的話。」

國王說：「你是對的。一個是我父親，另一個是我祖父。你下次來也可能會遇到我兒子在這兒——我老了。但你想要我了解什麼？」

那人笑了。他說：「你已經知道了——這兒是個旅店，很多人住過這兒，然後消失了。

這不是任何人的家。在這個星球上沒有任何家，只有旅店。為什麼不接受事實？」

這個人的影響，他的特質是如此強烈以致於國王立刻離開王宮，他說：「他是對的。他的方法有點瘋狂，但我聽說很多蘇菲徒會使用瘋狂的方法，但那個瘋狂只是一種設計。我了解。我要離開這兒去尋找我的家。」

國王後來變成了一個很有名的蘇菲徒。他離開王城，在某個十字路口蓋了一間小屋並住在那兒。每天他都會遇到麻煩，因為每個經過的人都會問：「哪條路是通往市區的？」

他會說：「往右走，你就會抵達永恆的城市。」那些人覺得奇怪：「永恆的城市…？」但他們不會在意神秘家！這些人都會談論奇怪的事…

「但這條路…？」他們會說：「你確定？」

他會回答：「我確定。你走走看就知道」——而那條路通往墓地。

然後那些人會氣憤的返回，對他說：「你似乎真的瘋了。裡面沒有城市，那是墓地。」

但國王會說：「我已經告訴你那是永恆的城市。一旦人住在那兒，他就永遠住在那兒了。那是真正的城市，你要問的應該是虛假的城市。左邊是通往虛假的城市——人們在那兒住一陣子就以為這是個城市，但終究會離開而前往永恆的城市。我一直陷入麻煩。人們詢問真正的城市，我告訴他們，但他們卻憤怒的返回。你可以從這條路前往虛假的城市，但記住，那是虛假的城市。不要以為那是真的。我也曾住在那兒。現在我要在死亡來到前找到真正的家。」

一個人會在找到某個永恆的、死亡無法摧毀的、真正的家之前，成為一個桑雅士。確實，那不會是身體——那是個旅店。那不會是頭腦——它持續的改變著。

接受點化成為桑雅士就是開始尋找某個超越頭腦的。一個帶著深深的愛、抱著冒險心、了解到他的生活方式是不對的、了解到那是靈魂的黑夜而接受點化的人，他就進入了光的世界…對局外人而言，一個簡單的點化不代表任何事，但對於被點化的人而言，那是個變化——他的整個存在都改變了。他拋棄了過去，而未來打開了門。現在他首次以一個有意識的存在開始他的生活。這個意識會持續成長。

所以發生在提問者身上的情況是個會發生在很多人身上的情況。這就是為什麼成為桑雅士要換名字——只是給你暗示，現在你不再是過去的那個人。只是個提示，讓舊有的死去，重新開始，從頭開始——一個新生命、新存在、新的愛、新意識。進入一個新的、全宇宙的真理。

我很高興，因為 Veena 死了。慶祝 Veena 的死亡以及 Videh 的誕生。

奧修，和我過去的生活相比，我很高興成為你的桑雅士。但我不想靜心或祈禱。因為沒有靜心或祈禱，改變也會發生，我是快樂的、滿足的。這個悲傷的種子必須離去。我該強迫自己靜心嗎？或者等待，讓這個快樂成長？或者我該回到過去？

我感到困惑。只有你可以引導我，因為我只信任你。

首先，不需要回到過去悲傷和痛苦的生活。那適合笨蛋，而不是有智慧的人。生命是要慶祝的、舞動的。生命就是盡可能全然的飲用它的汁液。我想到天堂裡面的餐廳發生一件事：老子、孔子和佛陀——他們坐在同一桌討論偉大的事情。就在那時，一個非常美的裸女拿著一個瓶子走過來：「你們想要飲用一點生命的汁液嗎？」

佛陀只是閉上眼睛——他沒回答。

孔子閉上一半眼睛——他相信中道。他對那女孩說：「我想要嚐嚐，不是喝。我想要知道它的味道。」於是他只喝了一小口：「這是苦的。妳拿走。」

老子從女孩手上拿了整瓶，一口氣把它們喝完。連那個女孩也感到驚訝。瓶子空了，他說：「很好。它是美味的。如果要知道任何事，一個人必須全然進入它。對孔子而言是苦的，因為他沒有察覺到生命的新味道。他沒有一個訓練過的舌頭，訓練過的味蕾；他從未活過，一直半閉著眼睛，站在邊緣保持是局外人。他看到的一切都是不完整的。真理永遠不會是不完整的——他只會看見它或者沒看見它。真理是無法切割的。」

「我必須喝完它。請原諒我。不喝完就不可能給出任何評語。你們兩個都無法給出任何評語。佛陀是完全不涉入的，因為他不知道味道，而且他閉上眼睛，他甚至不知道它的樣子。他沒看到把瓶子拿過來的美女。他使自己是看不見的、無法說話的；他讓自己對生命保持封閉。所以他對生命的評語都會是無意義的。」

「我也不會相信你說的任何話。半閉著眼睛只會使你看到一半的真相。只是喝一小口，那可能甚至沒有進入你的胃，你也許沒吸收它。它沒有變成你裡面的血液和骨頭，除非真理變成你的存在，你的心，否則你沒有任何權利評論它。」

「我是唯一完全張開眼睛把它喝光的。」

我愛這個故事。那確實是故事，因為天堂沒有餐廳——地獄才有。天堂要餐廳做什麼？聖人不喜歡餐廳。餐廳不會有任何客人。否則老早就破產了。那只是個例子、寓言，但很有意義。

所以第一件事是：你不回到過去悲傷和痛苦的生活，雖然我這麼說，我的意思不是你回得去——不可能；你做不到。沒有值得你回去的。你過去是悲傷的、痛苦的，現在你是滿足的、快樂的。所以你為什麼要回去？

就靜心或祈禱而言，記住，你無法強迫它們。生命中有些事是你無法強迫去做的，你只能靜靜的、打開門、抱著邀請和歡迎的心情、警覺的、覺知的等待。以便當客人來到，你就可以歡迎他。那已經發生在你身上了。你說你不靜心，但你仍然深深的感到滿足和快樂。如果有滿足感，表示在你不知道的情況下，某個靜心的特質已經進入你裡面。沒有敲你的門，快樂已經進入了你。

滿足、快樂、痛苦和悲傷的聯繫就像光明與黑暗。如果你突然發現你裡面的黑暗消失了，無論你是否知道，光已經進入了。沒有光的進入，黑暗就不可能消失。

所以我的建議是首先要感激，雖然你沒有靜心…你只是聽我說話。但只是透過聽我說話，你裡面的某個東西變成寧靜的，在你的思考中，有幾個片刻的空白。有些片刻是你在那兒但卻沒有自我的。只是坐在這兒，等待我要說的——在那個空白中，滿足感進入了。

在美國，無數的電視台來訪問我，他們唯一的抱怨是：「十分鐘可以說完的話，你卻要花二十分鐘。我們時間有限，而且我們不想要剪接，因為你說的一切是前後相關的，如果我們剪掉某些部分，那會無法理解。你為什麼講話不能像一般人？你講了一句話然後就留了一個空白。」

我說：「這就是我說話的方式，因為問題不只是和講話有關，而是要讓聽我講話的人感受到幾個片刻的靜心。」

「當我講話時，他們被吸引了，他們的頭腦想的都是我。然後我突然停了一個片刻，他們的頭腦也會停止，等待…那些是最美麗的片刻，他們感受到靜心卻不知道他們在靜心。」

那就是發生在你身上的。直到現在，你一直不知道自己在靜心。從現在起，你必須是完全覺知的。滿足和快樂表示——它們是快樂開始在你裡面發生的象徵。不需要強迫，只要如你所是的持續下去，更加享受你的滿足，允許同樣的情況發生，感受每一點發生在你裡面的快樂，當它來到時看著它，它來到時的狀態是什麼。然後越來越進入那種狀態。不需要強迫靜心，不需要強迫任何事。只要創造出讓事情開始自行發生的正確氛圍。

它們已經發生了。所以你只需要了解那個訣竅，它們如何發生的，然後很容易的、輕鬆的、沒有任何緊張、努力和強迫的持續下去。因為危險的是如果你變成貪婪的，如果你想要它們更常發生，你會試著強迫它們，你也許會摧毀那個發生中的。所以沒有任何努力和意志涉入其中。

你必須只是等待。等待就是祈禱。等待未知的進入你。等待神性的充滿。你無法做任何事，但你可以等待。

最後一點：你說你只信任我。如果只是信任我就有這麼多發生在你身上，那想想如果你信任每個人會有多少發生在你身上。信任一個人就使你的生命從悲傷變成滿足的。如果你毫無條件的信任每個人，你會發現一個偉大的革命在你生命中的每一刻持續發生，使你的意識越來越壯麗、燦爛和輝煌。何不也信任其他人？

人們不信任是因為他們害怕信任會使他們變成脆弱的，容易被騙。所以他們封閉自己。他們鎖上所有門窗以便沒人可以欺騙他們。但他們不知道這麼做也使日光、新鮮的微風和玫瑰的芬芳無法進入。當然，他們也阻止了小偷的進入。小偷能偷走你什麼？你是悲傷痛苦的。你害怕他們會偷走你的悲傷和痛苦嗎？你有什麼東西是需要擔心被偷的？

有件事發生在穆拉納斯魯丁身上⋯

他睡覺時常把所有窗戶打開——根據我的建議——打開所有門⋯自然的，小偷進入了，然後他拿走房子裡面的所有東西。

穆拉睡在毯子上。看到那個人拿了所有東西，他也把毯子扔給他。小偷很驚訝。他說：「我以為你在睡覺。」

穆拉說：「我在裝睡。」

「你是個怪人——我是小偷。」

他說：「不用擔心。你可以拿走一切——我會跟你走。因為住在哪兒有什麼關係？我會跟你住。這樣我就找到僕人了。我在尋找僕人，現在很難找到。而你自己送上門來。你房子在哪兒？」

能拿走什麼？死亡隨時都會奪走一切。你空著手來到世界，也會空著手離開世界，所以無所謂。在這期間⋯⋯你擁有什麼並不重要。重要的是你失去信任，那是你裡面的重要寶藏。

透過信任每個人，你會失去一些東西。他們可能會偷走你的錢，但如果你可以繼續信任，即使⋯⋯信任是偉大的寶藏。信任欺騙你的人，信任將要欺騙你的人，是真正的信任。

我不會欺騙你，我不會從你房子裡面偷走任何東西。我已經偷了你。我和其他人不同。當我偷了你，我就偷了一切。何必擔心每樣東西——我做的是批發的生意。

現在你什麼都沒有了！你和你有的一切都會屬於我。所以如果人們拿走某些東西，讓我來擔心，你只要繼續信任。

但是要信任全人類。無論發生任何事，你都不要失去信任，因為信任是非常珍貴的。它將會給你所有靜心和祈禱可以給你的，不需任何努力。如果你可以信任某個人，那你就知道訣竅了，然後你就可以信任每個人。

我的桑雅士必須記住：信任每個人，因為你沒有什麼可以失去。但不要失去你的信任，因為那是你非常偉大的特質，它會使你的存在對神性敞開。

第二十五章
進入你自己的存在

奧修，為什麼像蘇格拉底這樣的人會被毒死？為什麼人們拒絕愛和神的恩典？如此容易相信別人不真實的投射卻不相信你？為什麼人們只會膜拜神和師父卻忘記他們在膜拜的特質？

不幸的是人還沒文明到可以接受真理。他活在謊言中。他的智慧還沒成長到可以接受實相。他仍然像小孩一樣繼續做夢、投射他的假象、相信他自己的幻象。那就是為什麼像蘇格拉底、耶穌、曼蘇爾這類的人會被殺、釘上十字架、毒死。

是真理被釘上十字架。是真理被毒死。

確實，人們無法容忍，因為面對真理會使他們的謊言變得如此清楚以致於不可能繼續相信。他們必須繼續相信：好幾世紀來他們相信的、活在其中的謊言——或者真理，全新的、新鮮的。

接受真理是危險的。你將得改變自己。改變態度。你得改變很多以致於那幾乎像是死亡和重生。

人們選擇比較簡單的方式：不是改變自己，而是摧毀真理的代言人。毒死蘇格拉底是比較容易的。對人們而言很難改變自己。那是簡單的算術。

你沒有依據存在和生命的法則而生活。你依據謊言、神學理論和宗教而生活。他們對自己說的一切無法證明。沒有宗教能夠證明神。而全世界都相信神。共產世界不相信神，但甚至沒人證明沒有神。雙方都在同一條船上——相信的人和不相信的人。沒有差別。當第一個俄國人尤里，從月球之旅回來後，他是第一個最接近月亮的人。蘇聯提出的第一個問題是：「你在那兒有遇到神嗎？」他說：「沒有。」在莫斯科，他們把太空人發現的一切作成影片，上面放了尤里說的一句話：「神不存在，我們去了外太空，但沒有看到祂。」但誰說神在外太空的？神是在你裡面。而尤里或說這句話的人並沒有向內看。那些向內看的人，那些是內在天空的太空人，他們不會帶著信念進入，而是真理。真理是反對信念的。信念是廉價的。你是免費得到它們的。你的父母把信念強加於你，政客和教士都在強加於你——每個人都用基督教教義、印度教教義、回教教義、共產主義來制約你。沒人在乎真理、沒人在乎你。

只有少數像蘇格拉底的人。他們不準備接受謊言，因為謊言是非常令人安慰的。

每個人都想被保護。這是種幼稚的慾望。那就是為什麼你把神稱為天父，那是對父親的投射。你為什麼需要一個天堂上的父親？你不能靠自己嗎？你不能用自己的意識面對生命嗎？為什麼想把責任丟給某個未知的？

蘇格拉底的罪是他說：「神不存在。」

真理存在，但你必須去尋找，你不能用借的。你不能從經典上學習真理。真理是如此私人和親密，每個人都得自己去發現。這樣是好的，否則市場上的商店就能買到真理。事實上，就某種程度而言，有些商店已經——你們的教堂、寺廟、清真寺。他們在做什麼？他們在用很廉價的方式販賣真理。他們都要求一件事：「相信耶穌基督。相信克理虛納。相信佛陀，你完全不用做任何事。你的相信就夠了。」

你有想過你怎麼能相信嗎？相信是不可能的。懷疑會一直隱藏在你裡面。你可以強迫深埋你的懷疑，但你埋越深，就會有越多懷疑變成你無意識頭腦的一部份。深入到懷疑的根源。那個相信只是表面的。沒有任何相信可以摧毀懷疑。而所有宗教都認為這是可能的。就事物的本質而言是不可能的。相信的意思是你不知道，如果你不知道，那你如何拋棄懷疑？懷疑只會被信仰體系隱藏住，但它會一直在那兒，死亡會揭穿你和你的信念，暴露出你一生都在壓抑的懷疑。你會在懷疑中死去。你已經活在懷疑中。一個充滿懷疑的生活並不是真正的生活。唯一擺脫懷疑的方式就是靠自己發現真理。不要用借的。不要接受廉價的事物。那是世界上最貴重的東西。一個人必須用他的生命和存在去找到它，而且那是值得的，因為當你找到真理，你同時也發現很多東西：你的永恆性，死亡不存在。

你的發現會是無窮的狂喜，那是沒有源頭、取之不盡的。

你會發現你和存在不是分開的，你沒有被存在拋棄，存在一直在支持你。

你是它的一部份——固有的一部份。你的每個呼吸、每個心跳都是存在的心跳。每個片刻，你都是和存在合一的。

這個經驗使你知道。所有懷疑會消失，就像你開了燈，黑暗就消失了。

你可以不開燈，繼續相信黑暗並不存在，但你知道它存在。

我問了很多有信念的人——不是一般人——備受尊敬的聖人：「你真的知道嗎？你的一生中至少說一次真話。你一生都在教導真理。至少，不要說謊。」我從沒遇過不是說：「我們自己不知道。我們知道的一切來自偉大的師父。」但這是借來的。這不是你的。不會使你感受到永恆。不會使你經驗到不朽和神性。那無法給你任何東西。那是空洞的信念。你最好扔掉它，因為透過扔掉它，你將得去尋找。

耶穌說：「尋找，你就會找到。」但他說：「尋找。」而基督教徒一直被教導的是：「相信。」你看到那個不同嗎？他說：「尋找，你就會找到。敲，門就會為你而開；要求，它就會被給予你。」但你必須做那些事：尋找、敲、要求、探詢。你不能用借的。沒人可以替你做，沒人能替你做是很大的祝福。

這是人的特權，真理是個人的。由於真理是個人的，所以它會一直是新的。數以百計的人經驗到真理，但真理不會因為這樣而變老，每當你經驗到，它會是新的，你以前沒經驗過的。蘇格拉底被毒死是因為他教導雅典人如何找到真理，雅典的法院討論後決定他的罪是使人們墮落——特別是年輕人。

如果談論真理、告訴人們真理、鼓勵人們尋找真理是使人們墮落，那這個墮落就是宗教。除了墮落之外沒有別的宗教。

確實只有年輕人準備接受他說的一切，因為老人已經是死氣沉沉的。身體的死亡和真正的死亡很少同時發生——不。大部分的人接近三十歲就死了，但他們繼續活著、呼吸、走路、講話、飲食，也許七十或八十年。那是已經死掉的存在。我不是說每個老人都是這樣，但蘇格拉底被下毒時已經很老了。那要依每個人而定。

如果你一直是個求道者，你永遠不會變老。你的身體會變老——但你永遠不會變老。你只是成長，你不會變老。

一直到你死前，你都會是充滿活力的——也許比過去還有活力。當蘇格拉底被下毒時，那是值得記住的——那是雅典人殺人的方式。有個人在房間外面準備毒藥。蘇格拉底的門徒聚在一起哭泣。蘇格拉底說：「你們怎麼了？這是該悲傷的時候嗎？我將要去遠方旅行，我將進入一個偉大的探險。我已經知道生命，現在我想知道死亡。你們應該要喜悅的歡送我進入這個偉大的探險，而不是哭泣。」準備毒藥的人盡可能拖延，因為他也愛蘇格拉底。但蘇格拉底一直詢問：「怎麼回事？時間過了，太陽下山了。毒藥早該準備好了。」而準備毒藥的人說：「我這一生為很多人準備過毒藥，但從未遇過像你這樣的人。我想要拖延一下，讓你活久點。」蘇格拉底說：「這不對。我已經活夠了，因為我已經全然的活過生命的每個片刻。不需要再經驗別的。我想要經驗死亡。你得盡你的責任，不該拖延，把毒藥給我。」

毒藥給了他，你可以看出科學化頭腦的特質，探詢者的頭腦。他對他的門徒說：「我的腳已經沒感覺了，但我要提醒你們雖然我的腳沒感覺了——它們壞死了——但我和以往一樣完整。我的意識是完整的。沒有任何東西失去。」然後他說：「我的大腿壞死了，我完全失去下半身了。我一半的身體壞死了，但我仍是完整的。我的意識裡面沒有任何東西死去。」

然後他的手垂了下來，他說：「現在我的心跳變慢了，但我可以告訴你，我仍然完整的在這兒，不受死亡影響——青春的、新鮮的。我的舌頭很快就無法說話了。所以讓這成為我的遺言：只有身體死去。意識則會一直存在。」

整個歷史中，我們一直在殺害這樣的人。這是醜陋的、瘋狂的。我們摧毀了我們最好的、精華的、最天才的人，如果我們處於痛苦中，那沒什麼奇怪的。

我們本該處於痛苦中。我們自己創造的。我們摧毀了可以改變我們的人，可以轉變地球上整個生命品質的人。我們摧毀他們，選擇成為痛苦的。我們選擇地獄——只因為我們懶得去改變自己。

我想到一個故事。

有個人死了——一個很懶的人。天堂和地獄的門彼此相對。懶人站在路中間，看著天堂並感到很驚訝。門爛掉了，牆壁破了，像個廢墟。一切看起來都很悲傷，樹木不是綠的，沒有任何花朵。然後他看著地獄，一個完全不同的世界——非常美，彷彿是剛建立的。

它的大門像個藝術品——美麗的、被花朵圍繞著。他說：「在我進天堂之前，我想要去地獄看看。」天使說：「但你太懶了，你沒犯過任何罪。」

要犯罪，人必須是有點積極的。懶人是聖人。他們不會在半夜偷竊。誰會想去某個人的房子？他們不會跟某人的妻子私奔。

所以天使說：「你一直這麼懶——生下來就這麼懶。地獄不適合你，它適合積極的人。」但懶人很堅持。他說：「我不會進天堂，除非我看到裡面，我要選擇自己的地方，什麼樣的天堂會讓人沒有選擇的自由？」

他的論點是對的。天堂應該是自由的。印度教稱它是「莫克夏——最終的自由。」而他要求的只是小事。只要看一下裡面。他進去地獄，被完善的接待，他無法相信——這麼多美麗的人、建築和草坪。

他返回後告訴天使：「你可以回去天堂了，我要去地獄，我做了選擇。」他們說：「你會後悔的。你不知道實際狀況。」他說：「我不在乎。」

如果他想去地獄，誰能阻止？他進了地獄，惡魔立刻掐住他的脖子，他說：「你在做什麼？這是不對的，我才剛來過，你是如此禮貌，帶我四處看。」

他說：「你不了解。那是接待處。不是真正的地獄。只是給你這種笨蛋看的展示區。我們用這種方式吸引很多笨蛋。讓他們看了接待處。這些草坪、美麗的花園、花朵——這些都是接待處的一部份。現在你得看看真正的地獄。」

他說：「我的天。我是個懶人。」惡魔說：「你現在得進入真正的地獄，地獄有三層，所以我會帶你去看，你可以依據自己的懶惰程度來決定。」

在第一層地獄，他無法相信他可以在那兒支撐半小時。人們被折磨、丟進火裡。很多危險的毒蛇和蠍子在咬人，每個人都在尖叫。他說：「不，這裡不適合我。這些蠍子和蛇不會讓我有半刻休息，而你的僕人把人丟進火裡。這太過分了，帶我去看第二層。」第二層稍微好點，但沒差太多。沒有蠍子，沒人被丟進火裡，但就像在醫院，你一定有看過牽引機——醫生一定是從地獄學的。

我去過醫院，因為我的背痛，他們讓我作牽引治療。我說：「誰創造出這種機器？這純粹是折磨。」腳被往一邊拉，手被往另一邊拉，而且它們會持續拉伸。

我看過百科全書，上面說：「這是基督教在中古時代用來折磨人的器具。」

剛好有個背痛了一輩子的人因為被拉伸而治癒。

他離開牽引機後說：「我的天！我不痛了。」那就是它如何從基督教的傳教士那兒來到醫院。但基督教的傳教士從哪兒得到它的？我猜除了地獄沒別的地方。

所以那個人說：「這好點，但不適合我。它們會把我的手腳扯斷。它們把人們的手腳拉得這麼開以致於人們一直在尖叫，但沒人理會。我想看看第三層。」

惡魔說：「但你就得選擇第三層了，因為沒別層了。」他說：「我仍想去看看。」第三層看起來很好。只是有個地方出錯，但相對而言好多了。

人們站著喝咖啡和茶，但他們站在高及他們脖子的垃圾堆中。充滿惡臭。但他心想：「我會習慣的。」他因為懶惰從未洗過澡。人們常對他說：「你很臭。」但他習慣了。於是他說：「這個適合。至少有咖啡和茶，沒有酷刑。」

五分鐘後，傳來鈴聲，某個外面的人大喊：休息時間結束了！現在每個人倒立！懶人說：「這麻煩了，我從未練過瑜伽。現在我知道練瑜伽的意思了。對這種情況會很有幫助。倒立——我的天！我無法讓自己在垃圾堆中呼吸。」

但沒辦法，你必須做。

世界上所有的神話故事都針對那些不相信他們的謊言的人創造了地獄，並為那些把他們的話當成真理的人創造了天堂。他們會被獎賞，很大的獎勵。然後人就活在恐懼和貪婪中。沒人想被折磨。每個人都想要待在擁有世界上所有愉悅的狀態中。

透過貪婪和恐懼，宗教轉變了人們。這是心理剝削。這和尋找真理完全無關。

每當一個像蘇格拉底的人來到，開始談論什麼是虛假的，大眾、人們開始變成憤怒的，因為他在動搖他們的根基。如果他是對的，那他們就都錯了，而且他們的一生都浪費了。必須阻止這個人。他是個麻煩。他的存在讓他們精神崩潰。

一個蘇格拉底就足以使全世界精神崩潰。但大眾掌控著權力、政治和法律。它可以毒死蘇格拉底、把耶穌釘上十字架、凌遲曼蘇爾、殺害薩穆德。

但你必須記住一點：蘇格拉底可以被毒殺，但他的真理和對於真理的探詢是無法被毒殺的。你不會記得那些決定要毒死蘇格拉底的法官叫什麼。你不會記得任何譴責蘇格拉底使人們墮落的人——特別是年輕人——但只要地球上還有人類，蘇格拉底就仍會一直永垂不朽。真理有它存續的方式。

身體可以被摧毀、被燒毀，但沒有辦法摧毀那些真實的。蘇格拉底仍會對人們是個鼓舞，那些殺掉這個美麗的人的無知大眾——其中一個地球曾經有過的天才——都被遺忘了。他們現在都在墳墓裡。

你的第二個問題是：為什麼人們無法看出我的真理和愛？為什麼繼續相信別人的意見而譴責我？

那是同樣的故事。他們想要相信我是錯的。因此，他們不會來找我，那是危險的。

也許會因此被這張網捕住。也許會因此愛上我。

也許你的心會開始跟我的心一起跳動。

最好還是遠離我，而遠離我的最好方式就是相信那些譴責我的人，那些反對我的人，最令人驚訝的是那些譴責我的人也沒見過我。他們譴責我只是為了創造一段距離。沒人想要失去。恐懼在那兒：我的存在是傳染性的。那會是危險的。

那些人在試著讓自己維持現況——他們處於痛苦、煩惱、地獄中。但他們已經習慣了。如此習慣以致於任何想要給他們自由的人都會像敵人一樣。

穆拉那斯魯丁曾帶著一把槍、繩子和一大桶煤油來找我。我說：「怎麼回事？你要做什麼？」他說：「我要自殺。」

我說：「但我沒看過自殺需要這麼多東西。」他說：「我是一個要求完美的虐待狂。我不想有任何失誤。」於是我說：「好吧，如果你活了下來，到時候再見面了。」他說：「你真奇怪，因為我遇到的人都試著阻止我，對我說：『這不對，不要自殺。』你是唯一沒有反對的人。」

我說：「你的生命像是地獄，你的妻子是個怪物，我看不出你這一生有任何希望，所以我認為這是好事——擺脫它。我很高興你最後終於決定要擺脫你的痛苦、煩惱和悲傷。」

他說：「但這樣似乎不太友善。」

我說：「讓你擺脫你的痛苦並不友善？那你想怎樣？我可以幫忙拿你的槍、繩子和煤油。」

但他變得很生氣，他說：「不，我自己拿，我不想和你扯上關係。你是唯一要我死的人。」

我說：「你決定要自殺，我沒提任何建議，這些都是你自己準備的。」

他生氣的走了。我去找他妻子：「怎麼回事？」

她說：「不用擔心，這每天都會發生。他去自殺，然後回來說：『下雨了。』一個想自殺的人，是否下雨有關係嗎？有一次他去自殺，他對我說：『準備食物。』我問為什麼？他說：『火車可能會誤點。』然後我準備了午餐，把餐盒給他，對他說：『再見。』他到了那兒，躺在鐵軌上，但沒有火車經過。他回來前在樹下享受了午餐。他說：『怎麼辦？神似乎不讓我這麼做。」所以我才說不用擔心。

我說：「不過我看他今天做了完善的準備，他不想有任何失誤。」

她說：「我了解他，不用擔心，你回家吧。」她是對的，一小時後，我看到穆拉回到我這兒，全身都濕掉了。

我說：「怎麼回事？」

他說：「一切都出錯了。錯在我來找你。你造成這一切。」我說：「奇怪，我根本沒跟你去。」他說：「我做了一切，我到了懸崖，下面是一條河，懸崖邊有一棵樹，我用繩子綁上樹幹，綁了我的脖子，但因為繩子是印度做的，不能相信它，所以我用煤油淋遍全身，用打火機點燃了，但以防萬一，我拿了槍射自己的頭，但我射偏了——槍射斷了繩子，我掉到河裡。把我身上的火弄熄了。」

但我說：「那河很深，你應該會溺死？」他說：「能怎麼辦？我會游泳。所以我才會在這兒。」

人們不想要擺脫現況。他們會創造各種藉口使自己處於原本的狀態。

我的工作就是要摧毀你的現狀。

如果你是印度教徒，和我在一起，你就不再會是印度教徒。如果你原本是回教徒，你就不再會是回教徒。如果你原本是基督教徒，你就不再會是基督教徒。如果你原本是共產主義者，你就不再會是共產主義者。

我的功能就是：和你受到什麼制約無關——我會把你借來的知識完全從你的意識中清除掉，使你像小孩一樣天真。我不會給你任何制約。我不會再制約你。

和我在一起就是變得像亞當和夏娃——沒有任何制約，全然的天真純淨，因為這樣你才能成長，進入你真正的自己。你可以成為你自己。

蘇格拉底說：「知道你自己。」但他忘記一件事，你要如何知道你自己？你必須先成為你自己。而你還不是。

如果我遇到蘇格拉底，我會糾正他，第一句話不會是知道你自己，而是成為你自己。第二句才會是知道你自己。

現在你對自己知道的一切都是別人告訴你的。你相信你是美麗的、有智慧的、天真的、誠實的，或者你相信譴責你的話。漸漸的，人們開始相信別人說的話。

我在學校或面對父母都堅持：「拜託，請不要限制我。」我有一個叔叔是大學畢業，很博學、愛批判。他會說些事，我不得不打斷他：「記住一件事——關於我，你無權評斷，因為你的評斷對我的成長是有害的。即使你說：『你很聰明，』我不想聽，因為那會使我的智慧無法成長。我也許會以為我已經很聰明，何必再努力？我想要只是做我自己，不被任何人操縱。」

我在大學有申請獎學金。院長是一個世界知名的哲學家，他幾乎在全世界的著名大學都演講過。他很愛我。他對我說：「你得記住不要和副校長爭論，因為他是很怪的人。如果你把他逼急了，他會報復你。以我對你的了解，我怕你會失去獎學金。」於是他說：「我會跟你去，照料你，每當我看到你要出錯時，我會用腳碰你的腳。」於是他坐在我旁邊，向我介紹副校長，我對副校長說：「我也得介紹我的教授。」他說：「但我認識他。」我說：「你認識他，但你對他的了解和我對他的了解並不同。」

我的教授很害怕。他立刻碰我的腳。我說：「你可以發現他在碰我的腳。他要我不要和你爭論，即使你說的話是錯的，我必須說：『是的，先生，沒錯。』那就是為什麼他要跟我來。否則他不需要來。只有面試時才需要。他來這兒是為了使我警覺，碰我的腳使我不會出錯。所以現在第一件事，我要你要求他拿著椅子坐到遠一點的地方。」

副校長說：「我不了解，教授，這是怎麼回事？」他說：「我覺得丟臉，但我知道這一定會發生。那就是我為什麼要來。他使我陷入麻煩。事實是他會爭論每件事。你問個問題，他會問另一個問題來回應。你得先解釋你的問題，然後他會使情況很複雜以致於答案永遠不會出現，但我要他拿到獎學金。他應得的。」

副校長說：「如果是這樣，那我沒有任何意見，不會爭論任何事。我會簽名讓他通過，但我要他找一天來我家討論事情，然後我可以知道你說的是否是真的。」

當我回到系上，我的教授很生氣。他說：「你真的使我陷入麻煩。」我說：「但你不了解，我拿到獎學金了。那就是你要的——沒有任何爭論。你看不出來嗎？我聽從你說的——甚至沒有任何爭論就拿到獎學金。沒錯，我得說實話，那不是謊言。你不用因此擔心，因為你已經表達了很少有老師能表達的愛心。我不認為副校長感到冒犯，否則就不會給我獎學金了。他對你的尊敬比以往更甚。」

一個人必須在生活中不斷對抗以便做他自己——維持他真實的存在。

所有人都透過借來的人格活著——一個面具。他們在那個面具下活了那麼久，完全忘掉自己的本來面目。我的工作就是發現，幫助你發現你的本來面目。

曾經發生：

有個蘇菲神秘家去卡巴，回教聖地。到處都是人，沒地方可以住。但有個飯店經理說：「我有個房間。已經有人住了，但我可以說服他以便可以讓你住進去。這是雙人房，但他付了雙人房的費用。所以我無法強迫，但我可以說服他，讓他了解你無處可去。」

神秘家說：「等等，如果你成功說服他，那你就為我創造了麻煩。當我們早上醒來，我們怎麼知道誰是誰？」經理說：「你瘋了嗎？」神秘家說：「因為我習慣裸睡。」經理說：「不用擔心，那個人也習慣裸睡。」

神秘家說：「那就更麻煩了。但我們會想到辦法，現在得先說服他。」那人被說服了。他說：「沒問題。」但神秘家沒睡，他只是坐在床上。

另一個人說：「如果你要整晚坐著，我也無法睡著。你一直坐在那兒看著我很奇怪。」神秘家說：「我只是醒著以便知道自己是誰。你是別人，一個陌生人。我是個神祕家。我常忘掉自己的名字。」

另一個人說：「不用擔心，你做一件事。這個房間之前的住客——一定有小孩跟他們一起，因為角落有一個他們留下的氣球。你只要把它綁在腳上去睡覺。到了早上，當你發現腳上的氣球，你會知道你是誰。」

神秘家說：「聽起來很完美、合理。」他綁上氣球睡了，另一個人為了好玩，在夜裡把氣球綁到自己腳上。到了早上，飯店發生很大的騷動。神秘家赤裸的跑到外面對經理大罵：「我早就告訴你，你會給我製造麻煩！我知道誰是神祕家。他正睡在床上。但問題是我是誰？現在你來告訴我！看看你的登記名冊！找到名字和住址。」

你們覺得好笑，但你們的身分並沒有太大不同。你的名字是在你出生後才給你。那不是你與生俱來的。你的信仰是在你出生後才給你的。你並不是以基督教徒、猶太教徒或印度教徒的身分出生的。你的政治理念也是在你出生後才給你的。

你所有的制約都是在你出生後才給你的，那造就了你的人格。

如果有任何真正的師父想要轉變你，那他得完全摧毀你的人格。他必須拿走社會、教育和各種制約加諸於你的一切。

他必須讓你是赤裸的、天真的——不知道你的名字，然後透過那個天真，你可以成長——自由的，靠自己。你可以做自己，那是第一個基本的：成為你自己。

然後第二件事會很簡單：知道你自己。你問我：為什麼人們不來這兒？因為他們害怕——害怕失去他們的面具、名字、人格和他們得到的一切。雖然那都是垃圾，但他們仍然抓著它不放。有東西總比什麼都沒有好。

他們聽從別人，這樣他們就可以相信自己沒有做錯任何事。但他們遲早會和你或其他和我有聯繫的人有所聯繫。這是傳染性的。

所以任何和你有聯繫的人都會經驗到。下次當我在這兒，那些可能會被傳染的人也同時會在這兒。你不需要和他們爭論。只需要讓他們看見你的改變，看到你變得更好。

奧修，是否有其他明智的方式勝過處於你的存在、感受你的存在？是否有其他更美妙、更棒的方式勝過感受到愛無法表達的溫暖？

還有比處於我的存在中更美妙的，那就是處於你自己的存在中。

現在你是沒有存在的人。你是一根沒點燃的蠟燭。

當你知道自己的存在，你會發現到某個無比美麗的、難以想像的奇妙。你知道鏡中的你。你看過你的臉，但你沒看過那個在身體裡面的、頭腦裡面的。誰在裡面？是你最終的核心。

一旦你知道它，你就再也找不到比這更美妙的。

你進入了天堂。天堂這個字是美麗的。它不是英文字。它來自波斯語。在波斯，它叫做firdaus。意思是一個世界的花園。Firdaus 演變成天堂，因為天堂是神的花園。

但對我而言，天堂的意思是：你裡面高牆圍繞的花園，高牆圍繞是因為沒人可以進入，那完全是你私人的。

那是個開滿意識之花、愛之花、慈悲之花、創造力之花、敏感性之花的花園，而且每朵花都擁有你意想不到的芬芳。Firdaus，天堂就在你裡面。那是你的花園，住在這個花園的是一個純淨的存在。不是人。那個差別是很細微的。

花有其特性，但芬芳只是一種存在——它沒有特性。

意識也是如此。它不像花。它更像是芬芳。它不像蠟燭和燭火，而是像光。光有存在，但沒有特性。

科學家一直在外在的世界找尋，抵達遙遠的地方，但發現它是沒有限制的——無限的。現在幾乎確定存在是沒有邊際的。它是無邊無際的。

靜心者進入他裡面，它就跟外在的世界一樣無限。它也是無邊無際的。而外在的世界大多由沒有生命的物質或空無一物的空間組成。

內在則是充滿光的、充滿芬芳的、充滿美的、充滿祝福的。

沒有任何祝福勝過進入你自己的存在。

奧修，我的自我依賴我的本性，來自於我的本性，夢也同樣來自於作夢的人，所以怎麼能稱讚或譴責我的自我？或要我的自我負責？怎麼能不相信自我，把它當成強化夢的想

法？

自我不是來自你的本性。它是被強加於本性的。如果它來自於本性，那當然你的本性要為所有行為負責——善行或惡行。

如果自我來自於本性。那在你的靈性中也會有某些自我，因為那是你本性的一部分。你無法把本性拿掉一部份。那就是本性的意思——不會有任何部份可以被拿掉。

但這問題是重要的。很多人會有這種想法，因為自我是強加的——就像人格。

在希臘的戲劇中，演員常會戴面具。你可以聽到他們的聲音，但無法看到面具後的臉。Persona 這個字來自於希臘的戲劇。Sona 的意思是聲音。你只能聽到聲音，但你不知道說話的是誰。

人格的意思是：社會持續依據自己的思想體系和想法創造出某些包圍你的東西。而且那些是奇怪的想法。社會會持續強加它們，聰明的人比較難被強加。

例如在中國，數千年來，上流階級的女人一直受到很大的苦，因為她們從童年起就被迫要穿鐵鞋，避免腳長得太大。但腳和身體是成比例的，如果腳太小，妳就無法輕鬆的走路，妳會跌倒。妳的腳可能會使妳無法站立。而這是中國上流社會最有教養的象徵，就是女人必須有一雙小腳。

這就是人格。社會強加的。數千年來，女人都接受這個觀念。她們幾乎變成跛腳的。她們無法奔跑；無法輕鬆的走路，因為身體一直成長，而鞋子只有在她們長大成人後才會拿掉，現在她們的腳不會再成長了。但她們接受這個觀念是因為整個社會都在支持。一個小女孩要如何對抗？

在任何社會，我們以為自然的事情，其實是不自然的。當首次有日本的桑雅士來到這兒，我和他們有點難以對談，因為他們被養大而形成的人格是不同的。當他們想要說「不」，他們的頭部會這樣移動，在世界的其他地方，這樣的移動表示「是」，除了日本。當他們想說「是」，他們會這樣移動頭部，在世界上的其他地方，這樣移動表示「不」——除了日本。

剛開始我有點困惑。我對他們說話，他們都同意，我納悶怎麼回事？他們的臉是喜悅的。他們的雙眼是喜悅的，但他們的動作卻是「不」。

然後翻譯對我說：「你不用困惑。當他們做出「不」的動作，那表示「是」。」那時我意識到這不是自然的。

全國的人都能做到，只要從童年開始訓練小孩，那只是訓練的問題。

如果你觀察你一直在做的——例如，在印度，傳教士初次來到——基督教的傳教士——人們感到好笑，因為他們初次看到男女做愛時，男人是在上面的，他們不敢相信——那是很沒教養的。野獸在美女上面——做各種體操。女人是脆弱的。男人是沉重的。應該要了解，那只是數學問題。他應該在女人下面——不是在她上面。

所以在印度，男人在上面被稱為傳教士姿勢。當我第一次聽到，我說：「奇怪，為什麼要稱為傳教士姿勢？」這和基督教傳教士有什麼關係？我必須去圖書館研究，才發現那是印度人第一次看到人這樣做愛。

否則，印度的性學著作——愛經，裡面就有八十四種姿勢。除非女人比你龐大、強壯——那就可以原諒。否則，即使你是傳教士也不能被原諒。但這只是文化的制約。當人們初次進入愛斯基摩人的世界——愛斯基摩人無法相信人們會用嘴接吻。那是不衛生的、醜陋的。愛斯基摩人覺得那令人作噁，想吐。你在做什麼蠢事？如果是法式接吻，你會把舌頭伸入對方的嘴裡。只要想想——唾液混在一起並享受它，以為這是某個很棒的。愛斯基摩人從未用嘴接吻過，現在全世界都得向愛斯基摩人學習，因為唾液是愛滋病毒的載體。這是首次證明愛斯基摩人比其他人還要科學——但可憐的愛斯基摩人對科學一無所知。他們表達愛的方式是更好的——他們用鼻子摩擦鼻子。鼻子是很乾淨的，冰涼的，而且這樣摩擦是很有趣的。試試看！這些事只需要教給你，等到你習慣了，它們會就變成你的第二天性，但它們不是來自於本性。它們會使你的本性無法成長、發光。它們使你的本性無法達到它的純淨。這些障礙創造了你的自我和人格。

對社會而言，自我是需要的。對於既得利益者，人格也是需要的，因為自我是社會的一部份。它聽從社會。它無法反對社會。

社會透過給予你尊敬、諾貝爾獎、頭銜和地位來滋養你的自我。社會使你的自我越來越壯大。你不能冒險。你會失去所有被尊敬的一切。你會失去別人對你的觀感。它們不是你本性的一部份，它們是社會體制的一部份。

社會體制持續譴責那些反對它的規則、不遵從它的規則的人。那些規則也許是對的、也許是錯的——那不重要。

一個有宗教性的人必須和社會對抗，因為社會是監獄，和社會對抗的意思是拋棄自我和人格，因為那些是你的枷鎖。

一旦你準備做一個單純的、平凡的人，不欲求任何諾貝爾獎、名譽和聲望——如果你準備只是做個平凡人，默默無名的，那你就會擁有拋棄自我和人格的勇氣。

透過拋棄虛假的，你就會遇到真正的本性。本性被很多層覆蓋，很多詭計使你永遠無法感受到某個不屬於你的東西在支配你的生命。社會是很狡猾的。數千年的時間使它學到變成狡猾的。

小孩是很新鮮的、天真的——一塊白板——乾淨的石板。社會立刻在它上面寫字。社會從不留下任何空間給你去寫。那些出現在石板上的字不是石板本來就有的。它們是社會寫上去的。它們不是石板的一部份。你可以洗掉它們。你可以是完全乾淨的。變成乾淨的，是如此難以形容的自由，只是做你自己是如此難以形容——不是輪子的榫，而是一個個體——真實的、單純的。

生命會成為一支舞，一支令人狂喜的舞。但記住這和自我無關。你一定觀察過小孩，全世界都一樣——每個小嬰孩談論自己時總是以第三人稱。那不是巧合。不可能全世界都剛好發生。

數千年來——在全世界，每個小嬰孩講話都以第三人稱。他說：「嬰孩肚子餓了。」他不會說：「我餓了。」這個「我」還沒形成。社會還無法修正這個「我」。

小嬰孩會說：「嬰孩覺得冷。」他把自己的身體當成某個人的身體，那是對的。他的意識和身體是分開的。他的意識和身體不是一體的，所以自然的，他會說：「嬰孩覺得冷。」但我們持續教他：「這樣說是不對的。要說：我覺得冷。」而可憐的嬰孩能支持多久？遲早，到了三、四歲，他會說：「我餓了。」

有件事令人驚訝。你如果試著想起你的一生，你會發現你最早只能想起你開始使用文字的時候。

試著努力回溯。在四歲時，最多三歲——女人是三歲，男人是四歲——因為女人早熟。她們總是領先一年。性徵方面，她們在十三歲就成熟了。男人要十四歲才成熟。他成長的比較慢。但你為什麼無法想起四歲前的事？沒有記憶，怎麼回事？那四年怎麼了？為什麼記憶不存在？

它不存在是因為記憶會從有「我」開始累積。人格在有「我」時開始形成。你在四歲前是純淨的存在——就跟花朵和鳥兒一樣天真。你沒有過去和未來。你活在當下。你如此全然的活以致於不需要記住。

只有當我們半心半意的活的時候才能記住。沒有活過的部分會在腦中徘徊。

你越沒有在活，你就越多記憶。

一旦你了解整個架構就很容易拋棄它，甚至不會產生任何聲響。你會像蛇脫掉舊皮一樣，不會回頭。

全新的出生——就在當下，沒人可以制約你。你現在可以防禦了。剛開始你還很幼小無助。現在無法強迫你了。沒人——無論他力量多大——可以要你做不想做的，可以要你學那些對你而言不值得學習的事。

你可以開始靠自己成長，達到無比的自由狀態。

對我而言，靈性就是：進入你的本性，讓它自行成長。靈性就是免於傳統、正統、過去、父母、教士、學校和教育體系的束縛——免於任何會在你身上留下記號的東西的束縛。你必須把自己完全清理乾淨。

清理是很容易的，但人們繼續過著不用做任何事的生活，因為他們的制約使他們以為救世主會來挽救他們。克理虛納、耶穌、佛陀會出現拯救你。這是什麼原因？佛陀、克理虛納或耶穌為什麼要救你？沒人救過他們。他們沒有等任何人救他。你為什麼要等待？

是時候放下這些你帶在身上的累贅、是時候使自己死時沒有這些負擔陪伴了。

讓你的本性主導，它會帶給你洞見——去哪兒，做什麼，不做什麼。你不需要任何十誡或神聖的經典引導你。你的意識就夠了。只要讓它取回它的力量。它一直被壓迫。你被自我和人格奴役著，沒有人可以使你解脫，除了你自己。

奧修，我飲用你、吃你、觸碰你、和你在一起、愛你、聽從你、聆聽你。慢慢的……

寶貝，你過頭了。

關於靜心村

奧修國際靜心村

位置：位於距離印度孟買東南方一百哩外的普那市，奧修國際靜心村是一個與眾不同的假日勝地。靜心村座落在一個樹木林立的高級住宅區內，是一個擁有四十英畝大的壯麗園區。

獨特性：靜心村每年招待來自一百多個國家的數千位遊客。獨特的園區提供機會使每個人可以直接體驗一種全新的生活方式－帶著更多的覺知、放鬆、慶祝和創造性。全年提供不同的服務項目，以及每日的不同課程選擇。其中一個選擇是什麼事都不做，只要放鬆！

所有課程都是依照奧修對於「左巴佛陀」的見解－－一種不同品質的新人類，能同時過著創造性的日常生活，及放鬆在寧靜和靜心中。

靜心：每日的靜心行程表，針對每個人提供不同的靜心課程，被動的和主動的，傳統的和革命性的，特別是奧修動態靜心，它是在奧修大禮堂－全球最大的靜心大廳中進行。

多元大學：針對個人的講習、授課和討論會涵蓋了創造性藝術、整全健康、私人轉變、關係和生活變化、工作靜心、奧秘科學，以及用於運動和娛樂的「禪」的方法。多元大學成功的秘密在於所有課程都和靜心緊密的結合，人們可以了解到人類是整體的，而不是部份的。

芭蕉Spa：舒適的芭蕉Spa讓人們可以在圍繞著蒼翠樹木的露天場所下悠閒地游泳。獨特的風格、寬敞的浴池、桑拿、體育館和網球場…令人驚歎的設計更是提升了它們的美感。

飲食：各種不同的用餐區提供美味的西方、亞洲和印度素食－為了靜心村，它們大部分是透過有機種植而得。麵包和甜點則是在靜心村內自有的麵包坊進行烘烤而成。

夜晚的生活：多種晚間節目可供選擇－跳舞是其中的首選！其他活動包括星辰下的滿月靜心、各種表演、音樂演奏和每日靜心。

或者你可以只是在廣場咖啡廳裡享受和人們的聚會，或者在寂靜的夜晚漫步在童話故事般的花園中。

設施：你可以在購物廳購買生活所需的日常用品和化妝品。媒體廳則販賣各種奧修影音產品。還有銀行、旅行服務處和園區網咖。對於那些喜愛購物的人，普那提供了各種選擇，包括從傳統的印度民俗產品到全球知名品牌的商店。

住宿：你可以選擇住在奧修招待所裡的高雅客房，也可以選擇長期住宿的套裝居住行程。此外，附近還有各種不同的飯店和公寓可供選擇。

更多資訊請瀏覽www.osho.com/meditationresort

關於作者

奧修反對分門別類。他的數千種談論涵蓋了一切，包括個人詢問的問題，以及現今社會當務之急所面對的社會和政治議題。奧修的書不是書面文字的，而是根據他對國際聽眾所作的即席演講的影音紀錄所謄寫而成。如他所說：「所以記住：無論我說了什麼，那不只是針對你…我也是為了未來的一代而談。」倫敦周日時報說奧修是「創造二十世紀的一千個人」的其中一位，美國作家湯姆羅賓斯說奧修是「自從耶穌基督之後最危險的人」。印度周日午報說奧修是和－甘地、尼赫魯、佛陀－等十個改變印度命運的人。關於他的工作，奧修說他是在幫助創造一個誕生出新人類的環境。他常將這樣的新人類稱為「左巴佛陀」－可以同時是享受娛樂的希臘左巴和寂靜的喬達摩佛。如同一條聯繫著奧修各種書籍和靜心的線運作著，包含了過去各時代的永恆智慧以及現代（和未來）潛力無窮的科學和技術。奧修為人所知的是他對於內在轉變的科學的革命性貢獻，以及用於現代快速的生活步調的靜心方法。他獨特的奧修動態靜心設計，讓人先釋放出身體和頭腦累積的壓力，以便更容易在日常生活中體驗到寂靜以及無念的放鬆。

關於作者，有兩本自傳作品可以購買：奧修自傳：叛逆的靈魂，〔繁體中文／除大陸外，全球販售〕；金色童年，〔繁體中文／除大陸外，全球販售〕。

劍與蓮花(下) / 奧修(OSHO)著；李奕廷譯. -- 初版. -- 臺北市：
旗開, 2017.08-2017.11
冊； 公分
譯自：The Sword and the Lotus Vol.2
ISBN 978-986-89034-6-3(上冊：平裝)
ISBN 978-986-89034-7-0(下冊：平裝)

1.靈修

192.1 106011624

欲了解更多資訊請瀏覽
www.OSHO.com

這是一個綜合性的多語網站，包括雜誌、奧修書籍、奧修演講的影音產品、英語及印度語的奧修圖書館資料文獻，以及關於奧修靜心的各種資訊。您也可以在這兒查詢奧修多元大學的課程表以及奧修國際靜心村的相關資訊。

相關網站：

http://OSHO.com/resort
http://OSHO.com/AllAboutOSHO
http://OSHO.com/shop
http://www.youtube.com/OSHO
http://www.oshobytes.blogspot.com
http://www.Twitter.com/OSHOtimes
http://www.facebook.com/pages/OSHO.International
http://www.flickr.com/photos/oshointernational

您可透過下列方式聯繫奧修國際基金會：
www.osho.com/oshointernational,

oshointernational@ oshointernational.com

劍與蓮花（下）

原著：The Sword and the Lotus Vol.2
作者：奧修 (OSHO)
譯者：李奕廷 (Vivek)
發行：李奕廷
出版：旗開出版社
電話：(02)26323563
網址：www.flag-publishing.com.tw
電子信箱：flag.publish@msa.hinet.net
地址：台北市信義區松德路12號6樓
統編：31855902
匯款訂購：第一銀行007 帳號：158-10-012620 戶名：旗開出版社

經銷：紅螞蟻圖書有限公司
地址：臺北市內湖區舊宗路二段121巷19號
電話：(02)27953656

初版：2017年11月
定價：350元
ISBN 978-986-89034-7-0

Original English title: ***The Sword and the Lotus by*** **OSHO**
This book is a transcript of a series of original talks The Sword and the Lotus by Osho given to a live audience. All of Osho's talks have been published in full as books, and are also available as original audio recordings. Audio recordings and the complete text archive can be found via the online OSHO Library at www.osho.com

原文書名：The Sword and the Lotus。
本書為奧修對聽眾所作的一連串演講The Sword and the Lotus。所有奧修演講都有書籍出版和原始錄音檔案。可以透過www.osho.com的線上圖書館找到錄音檔案和完整的文字檔案。